张文台文丛

诗 词 卷

中央文献出版社

图书在版编目（CIP）数据

张文台文丛·诗词卷／张文台著．—北京：中央
文献出版社，2013.12

ISBN 978－7－5073－3963－5

Ⅰ.①张… Ⅱ.①张… Ⅲ.①张文台—文集②诗词
—作品集—中国—当代 Ⅳ.①Z427②I227

中国版本图书馆 CIP 数据核字（2013）第 282407 号

张文台文丛·诗词卷

著　　者／张文台

责任编辑／李庆田

出版发行／中央文献出版社

地　　址／北京西四北大街前毛家湾 1 号

邮　　编／100017

网　　址／www. zywxpress. com

销售热线／010－63097018　66880064

经　　销／新华书店

排　　版／北京方方照排中心

印　　刷／深圳市国际彩印有限公司

710×1000mm　16 开　总 159.75 印张　总 1700 千字
2014 年 1 月第 1 版　　　2014 年 1 月第 1 次印刷

ISBN 978－7－5073－3963－5　总定价：468.00 元（共 7 卷）

张文台，男，汉族，中共党员，研究生学历，上将军衔。1942 年生于山东胶州，1958 年入伍。青年时就读于洛阳第八步校和解放军政治学院，中年时就读于国防大学和中央党校，曾担任过团副政委、政委，师副政委、政委，集团军副政委、政委，济南军区副政委、政委和中国人民解放军总后勤部政委等职务。中共第十三大、十六大代表，十六届中央委员。全国人大第八至十一届代表、第十届和十一届环境与资源保护委员会副主任委员。从事过军事、政治、后勤和环境资源保护等工作。

文台将军素有"军中儒将"之美誉，著书十几部、发表重要文章百余篇，多篇被主流媒体转载并被中组部、中宣部、中央党校、军事科学院等有关方面编入重要文献，在军内外产生了一定影响。

将军酷爱书法和诗词，先后三次获得全国全军书法大赛头等奖，并多次担任评委，发表过许多思想性和艺术性完美结合、有独特风格的诗词书法作品，还担任过备受关注的纪录片《毛泽东在 1949》、《天下为公》和《绿色大业》顾问。现任中国书画联合会和中国毛泽东书法研究院顾问、北京将军诗书画研究会和北京戎马情怀诗书画院院长等职务。他文化修养扎实，理论功底深厚，实践体会颇多，演讲风格生动幽默、实在管用，涉猎广泛，经常应邀到党政军机关、干部培训学院、科研院所、大型企业、著名大学等单位讲演。演讲富有哲理，贴近实际，可操作性强，很受广大官兵和干部群众的欢迎。

出版说明

　　《张文台文丛》是张文台将军在五十多年戎马生涯中著述的精品。张文台将军著述十余部，这次将军事科学出版社出版的《来自实践的领导艺术》、《来自实践的思想政治工作艺术》，中央文献出版社出版的《哲语论修》、《讲堂文思录》，华夏出版社出版的《聊天心语》，中央党校出版社出版的《生态文明建设论——领导干部需要把握的十个基本体系》，中国环境科学出版社出版的《生态文明十论》，人民文学出版社出版的《中国百名书法名家书录张文台将军诗三百首》、《病中抒怀》等著作进行修订，与新作《和谐吟》、《修心养性话健康》汇集一并出版，内容涉及政治、经济、军事、文化、企业、生态等各个方面，反映了他在政治工作、领导艺术、人生修养、企业管理、生态文明建设、健康养生及诗词等方面深厚的理论功底、丰富的实践经验和高尚的人格修养。

本书编委会

二〇一四年元旦

自　序

从士兵到上将，从小学到研究生，我军旅生涯半个多世纪，虽无过人之敏，但从不敢懈怠；虽出身贫寒，但从不放弃努力；虽身居要职，但从不主观武断；虽历尽坎坷，但从不怨天尤人；虽干群赞誉，但从不居功自傲。无论驻守海岛，锁钥渤海；还是经略中原，拱卫京津；无论沙场点兵，还是援建维稳；无论抗洪抢险，还是后勤保障；无论是政治理论研究，还是军事思想谋略学习；无论是环境保护、企业文化，还是古今养生、文化历史等，都能认真学习，周密思考；深入实际，调查研究；集思广益，探索规律；点滴积累，或编辑成文，或口头传授群众，共同提高，或写成文章著作，启迪后人。虽然内容形式不同、表达方法各异，但这些书稿都是来自于实践，集中群智，发自于内心，简明易记，操作性强，切实管用，在广大群众中广为流传和称道，也得到各级领导及专家们的一致好评和赞誉。

金杯银杯不如群众的口碑。群众的赞誉不是我学富五车、知识渊博，而是肯定我在现实生活中的深切感悟、体会，对实践调查与探索。由于工作忙碌，这些手稿多数形成于飞机上、旅途中以及集体学习讨论时，有的铭记在心，有的作为交流，并随时记录，日积月累，积少成多，便成此书。

应大家的邀请，我发表了不少的作品，也出版了一些专著。尽管内容涉猎广泛，也不是一个完整体系和风格，但其精神实质是完全一致的。这就是：一个人不管你职位高低，为人民服务的宗旨是一样的；不管你权力大小，集思广益的领导艺术是一样的；不管你从事什么行业，辩证思考的工作方法是一样的；不管你工作岗位如何变化，求真务实的工作作风是一样的；不管你待遇如何，艰苦奋斗的传统是一样的；不管你官位大小，身先士卒的要求是一样的；不管你工作中困难多少，改革创新的追求是一样的；不管你贫穷还是富贵，向往健康和幸福的目标是一样的；不管你文化高低，提高文化艺术修养的愿望是一样的等等。实践证明，万物一理，大道相通，一通百通。所以我们要努力做到古今贯通、中西贯通、文理贯通、文武贯通。任何人想在短暂的一生中要想干成几件事，做一个毫不利己专门利人的人，做一个有益于国家和人民的人，必须读万卷书，学习古人的知识，继承前人的优良传统，升华自己的思想境界；行万里路，学习实践的知识，不断与时俱进，跟上时代的步伐；拜万名师，学习群众的知识，把个人的经验与群众的智慧结合起来；历万般苦，形成自己的知识，提高自己的能力，指导工作实践。只有这样，才能做到像古人讲得那样："知天下之势，通天下之变，友天下之士，谋天下之策，求天下之利，留天下之名。"

　　愿本书能给您心灵上带来一些启迪，为实现中国梦尽一点微薄之力。

张文台

二〇一三年国庆节于北京

目　录

诗三百首

伟大时代的和谐歌韵
青藏纪行

异国采风

祖国风光

神州怀古

庭院漫步

人生抒怀

生活拾遗

病中抒怀

自　序

病中遐思

庭院休养

梦中拾遗

学史怀古

故乡月明

和谐吟

感悟和谐
天人和谐

自我和谐

诗三百首

文台同志

天道酬勤

刘华清
二〇〇五年
四月

2005 年，原中共中央政治局常委、中央军委副主席刘
华清为《张文台将军诗三百首》出版时题词

爱我中华
弘扬国粹
二〇〇五年
六月
张震

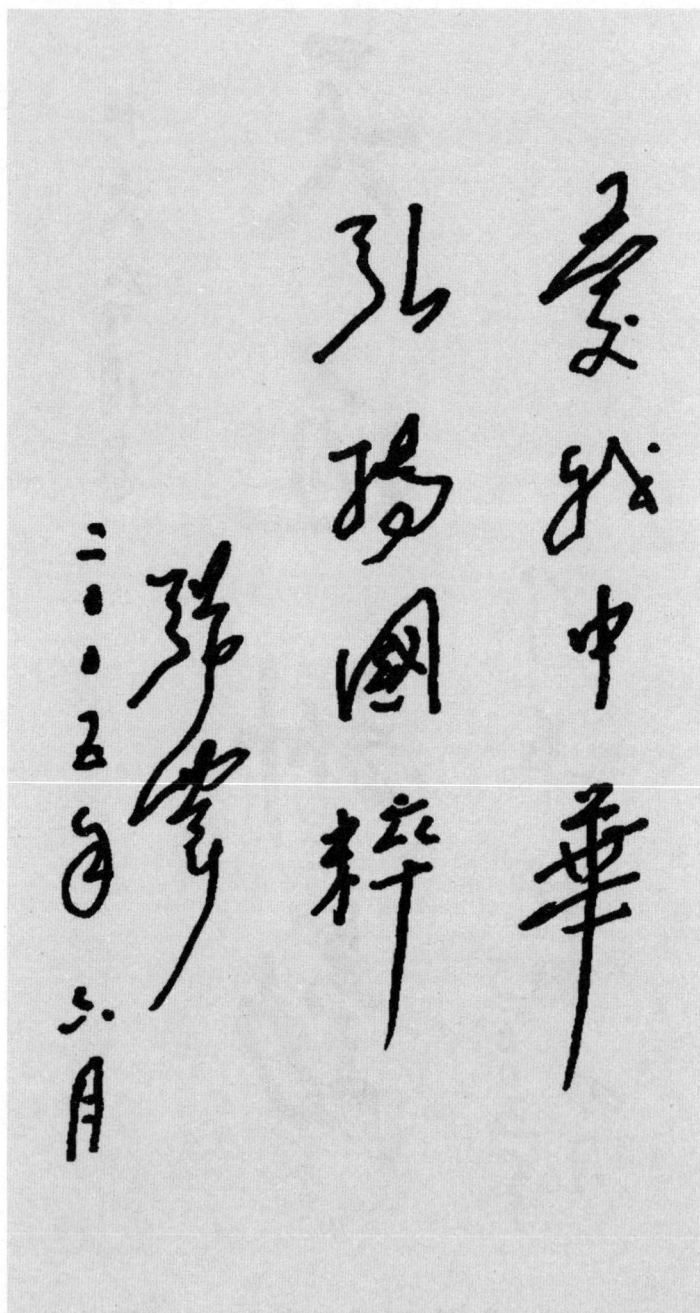

2005 年，原中央军委副主席张震为《张文台将军诗三百首》出版时题词

著诗抒情怀

华章颂山河

文台同志诗集题

丙戌年月

万年题

2005 年，原中共中央政治局委员、中央书记处书记、中央军委副主席张万年为《张文台将军诗三百首》出版时题词

读史明理
赋诗言志

书敬张文台将军

迟浩田

二〇〇五年五月十八日

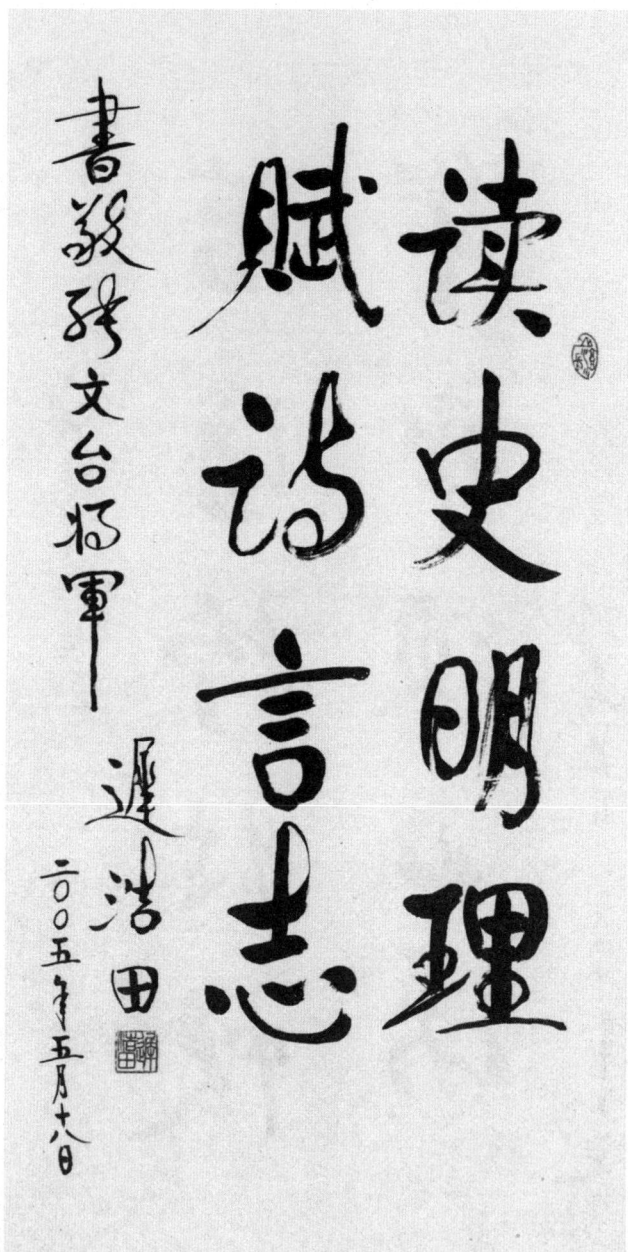

2005 年，原中共中央政治局委员、中央军委副主席、国务委员兼国防部长迟浩田为《张文台将军诗三百首》出版时题词

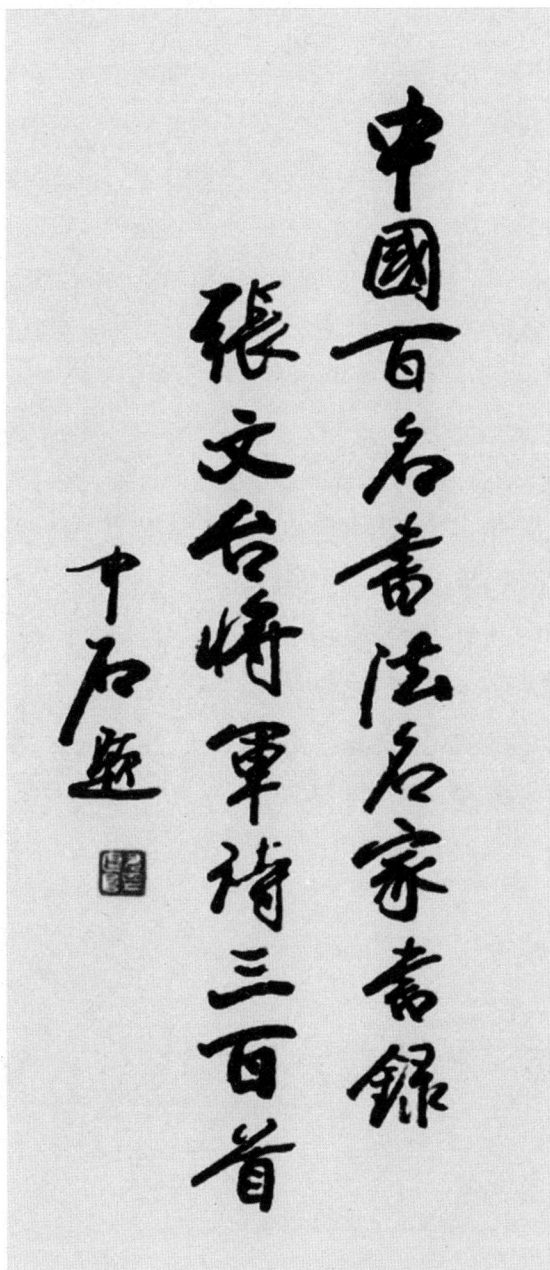

中國百名書法名家書錄

張文台將軍詩三百首

中石題

2005 年，中央文史馆馆员，全国政协委员，首都师范大学教授、博士生导师，著名书法家欧阳中石为人民文学出版社出版《张文台将军诗三百首》时题写书名

伟大时代的和谐歌韵*

——为《张文台将军诗三百首》付梓而作

我们所处的时代是一个伟大的时代。

一个崇尚创造，追求超越，蓬勃发展的伟大的时代里，我们的社会集中体现出这样一个鲜明的特征：科技日新月异，经济高速发展，文化丰富多彩，人民安居乐业。尤其是随着构建社会主义和谐社会步伐的加快，在深刻反思东方与西方文化价值观念差异的同时，能否正确认识面临的各种矛盾困难，能否进一步处理好传统与现代的关系问题，不仅关系国家的前途命运，而且也是摆在我们面前的一个长期、复杂而又艰巨的战略任务。

在这样一个伟大的时代里，我们的基本目标是，创建一个社会主义先进物质文明、精神文明和政治文明兼容并蓄、和谐发展的高度现代化的文明小康社会。只有这样，才能彻底摆脱贫穷落后羁绊，走上民主法制，繁荣富强的道路；也只有这样，中华民族—才能真正屹立于世界民族文化之林。

在这样一个大的时代背景之下，张文台将军诗词作品选集的问世，对于弘扬优秀传统文化，对于文学诗歌艺术的繁荣发展，特别是对于用优秀作品教育人、鼓舞人，都将起着积极的作用。

长期以来，张文台同志一直肩负着部队的领导工作，始终生活战斗在艰苦的第一线。在几十年戎马倥偬的军旅生涯中，他的足迹不仅遍布中原乡村、齐鲁大地，而且遍及大江南北、高原兵站、沙漠戈壁和边疆哨所。不论肩负何种职务，走到什麽地方，他都能够深入调查研究，与广大官兵结下了深厚的战友情谊，备受领导的信任和同志们的拥戴。尤其应当指出的是，张文台同志出生在贫寒家庭，成长于战争动荡年代，童年颠沛流离的生活情状，不仅锻造了他不惧艰难困苦的坚强性格，而且培养形成了他乐观向上的积极生活态度。怀着报效祖国的满腔热忱，文台同志很小就参军来到了部队。他深知，自己之所以走到今天，完全是党和人民培养教育的结果。

作为我军的一名高级将领，张文台同志的政治理想和生活追求、思想境界和人生情致、阅历视角和思维方式，都不同于一般的诗家词人，这就为其诗词内容的独树一帜提供了前提。他的诗作不仅较好地继承发扬了老一辈无产阶级革命家坚韧豪迈的艺术风格，而且字里行间，无不浸透着对党的爱、国家的爱、军队的爱、战友的爱、人民的爱和家庭亲人的爱。正是由于这样的原因，他用诗的语言，表达了对党的信念的高度忠诚。同时，他还用生动细腻的笔触，热情赞美讴歌了祖国的大好山河。文台同志的诗路也是非常宽广的。他不仅用诗的形式，记录下了与部队官兵谈心的经过，而且也记录下了读书思考的感受和出国访问的见闻。

古人说："文如其人，诗如其品。"张文台同志的诗中，虽然充满了浪漫主义激情和大气磅礴的气势，但篇篇质朴凝重，直抒胸臆，清清楚楚，明明白白。行笔至此，抑制不住内心的喜悦，还要多说几句。文台同志是我以前的老部下。这些年来，他不仅在部队管理和思想政治理论方面卓有建树，先后撰写了《来自实践的领导艺术》、《来自实践的政治工作艺术》、《"三个代表"党员读本》等专著，而且在繁忙的工作之余，悉心钻研诗词学问，实属难能可贵。可以说，文台同志取得今天这样大的成就，并不是偶然的，完全是他善于学习思考，不懈努力实践的结果。

　　中华民族传统文化源远流长，博大精深。张文台同志以超人的毅力，在文学艺术海洋里的艰苦跋涉，硕果累累，大器晚成。

　　最后，祝愿张文台同志在诗词文学艺术的"金光大道"上，继续阔步前进。希望部队不断涌现出更多优秀的文学理论家、诗词艺术家，为繁荣、促进国家和军队的文化建设事业，做出积极贡献。是为序。

迟浩田

二〇〇五年四月九日于北京

* 此为迟浩田将军 2005 年为人民文学出版社出版的《张文台将军诗三百首》一书所作的序言。

青藏纪行

　　2003 年 8 月，我与刘源同志率总后勤部基层工作调研组和高原专家智力服务团的同志，从青海格尔木出发，沿青藏公路，抵达西藏拉萨。途中视察了总后青藏线兵站部所属大小单位 42 个。在看望官兵、调查研究中，所见、所思、所感、所获甚多，成诗若干首，以表达对奋战在高原的后勤官兵的崇高敬意。

——题　记

塔尔寺

圣寺落布瑞莲花[*]，
藏人颂经奉释家。
银子塔前菩提树，
古枝长青吐新芽。

2003 年 8 月 13 日

注：莲花即莲花山。

格尔木

阿尔金光照极巅，
盐湖绿水映青天。
黑马河边篝火起，
牛羊遍布象鼻山。

2003 年 8 月 14 日

石雕像

军民共建青藏线，
携手并肩斗严寒。
留得石雕永不朽，
长载功德万古传。

2003 年 8 月 14 日
于唐古拉山口解放军战士石雕像前

昆仑山

昆仑拔地耸云天，
峰峭鸟稀少人烟。
生命禁区罕鸟迹，
笑看铁骑纵横穿。

2003 年 8 月 15 日

格尔木盆地

一日急驰九百里，
暮临格尔木盆地。
今朝方知九州广，
一望南北数不尽。

2003 年 8 月 15 日

青海盐湖

高原盐湖寓奇观，
犹似瑶池落人间。
人行水上不沉底，
万丈盐桥铁骑穿。

2003 年 8 月 17 日于青海盐湖

当金山

当金山高四千五，
游人到此即止步。
官兵盼望我到来，
路险缺氧有何怵。

2003 年 8 月 17 日

大沙漠

沙漠公路似彩虹，
举目遥望连碧空。
不觉白云擦耳过，
总疑车行太空中。

2003 年 8 月 18 日

沙漠红柳

红柳刚韧禀如昆，
固守西南显精神。
风肆沙虐志昂然，
根深盘结定乾坤。

2003 年 8 月 18 日
于过沙漠途中

英雄好汉

唐古拉山[*]男子汉，

脚踏白云头顶天。

高山缺氧皆不惧，

情系青藏大草原。

2003 年 8 月 19 日

注：唐古拉山兵站位于海拔 5300 米处。

高原阅兵

戈壁滩上风沙动，

步履如雷震苍穹，

铁骑滚滚泻千里，

五千勇士显雄风。

2003 年 8 月 19 日

凭吊烈士

戎装远至戈壁滩，

为国捐躯星月伴。

忽有衣风传娘泣，

翌日草蔓泪成串。

2003 年 8 月 19 日

格尔木军营

巨龙翘首展威风，
雄狮狂舞欲腾空。
安塞腰鼓振天响，
欢歌笑语满军营。

　　　　　2003 年 8 月 20 日晚
　　　　观看官兵文艺表演作

登火焰山

赤山拔海五千三，
游人至此透心寒。
今逾花甲不服老，
不畏缺氧赛少年。

　　　2003 年 8 月 22 日于火焰山顶

王母池

王母诞生昆仑山，
蟠桃盛宴会神仙。
如今神去甘露在，
圣泉润物美山川。

　　　　　　2003 年 8 月 22 日
　　　　于唐古拉山下神泉

高原官兵

唐古拉山四季冬，
官兵扎寨卧冰层。
默默奉献平常事，
生命禁区建奇功。

2003 年 8 月 22 日

于唐古拉兵站

走青藏线

轻车简从青藏行，
不毛之地探官兵；
车履颠簸心领路，
梦里梦外总动情。

2003 年 8 月 22 日

申克理贡 *

暴雨过后天初晴，
申克理贡显彩虹。
佛教圣地紫光绕，
护我百姓佑官兵。

2003 年 8 月 22 日

注：申克理贡是传说中的藏传佛教圣地，谁到此谁会平安。

安多兵站

安多拔海四千八，

方圆百里无人家。

生命禁区扎军营，

人民战士卫中华。

2003 年 8 月 22 日

纳木错湖

纳木错湖水连天，

念青山峰映其间。

白云轻绕子母石，

神山圣湖永相伴。

2003 年 8 月于纳木错湖

登高望远

登高寄眸天地间，

大江茫茫去不还。

云飞万里紫气动，

银波九道历雪山。

2003 年 8 月 22 日

于青藏线途中

高原雕塑

军民共建青藏线，
携手并肩同鏖战。
雕像坐落唐古拉，
英雄精神万古鉴。

2003 年 8 月 23 日
于战士石雕像前

赞三站官兵*

青藏高原四龙穿，
脉系军民心相连。
三站*官兵勤守护，
再苦再难也心甘。

2003 年 8 月 23 日

注："三站"即兵站，输油管线维护站和光缆维护站。
"四龙"是公路运输线、输油管线、光缆通讯线和
铁路线的喻称。

藏北高原

白云漫卷连雪山，
湖波棋布映蓝天。
牛羊倒影水中走，
疑是仙境落人间。

2003 年 8 月 23 日

青藏线行

青藏巡行愉悦多，
剑槊箭利听新歌。
捉搦铁骑览胜境，
枢握繮索御敌国。

2003 年 8 月 23 日于拉萨

火焰山

悟空本是石头生，
火焰山上炼金睛，
妖魔鬼怪难逃过，
一心保主取真经。

2003 年 8 月 23 日

群山沸腾

西部开发炮声隆，
茫茫昆仑沐春风。
中华儿女多奇志，
世界屋脊飞铁龙。

2003 年 8 月 23 日
参观青藏线路工地作

长江源头

唐古拉山白雪皑，
三江源头由此来。
滋润华夏好儿女，
育出扛鼎新人才。

2003 年 8 月 23 日
于江泽民同志为长江源头题词处

心系官兵

高原路险氧气少，
长途奔波更疲劳。
念当官兵盼我至，
几日征尘一夜消。

2003 年 8 月 24 日于拉萨

高原反应

高山缺氧真痛苦，
耳膜凹陷眼睛鼓。
呼吸短促胸发闷，
记忆减退才思堵。

2003 年 8 月 24 日于拉萨

登布达拉宫

雨雾缭绕飘白云，
一束哈达献游人。
拉萨长空凝紫气，
藏汉兄弟骨肉亲。

2003 年 8 月 25 日晨于布达拉宫

红旗兵站

唐古拉山五千五，
抬手可把蓝天举，
生命禁区无畏惧，
青藏官兵展宏图。

2003 年 8 月 27 日
看望唐古拉军委命名的"红旗兵站"
官兵而作

布达拉宫

布达拉宫座山峰，
金银珠宝巧铸成。
虔诚信教顶礼拜，
佛教经典传文明。

2003 年 8 月 28 日
于布达拉宫

异国采风

近年来，我多次以中国人民解放军军事代表团和军事友好代表团团长的身份，先后率团访问过法国、加拿大、古巴、澳大利亚、突尼斯、津巴布韦、赞比亚、玻利维亚、乌拉圭、韩国、越南、南非等 30 多个国家。途中，忙闲，偶有所得，逐渐形成了一些表现异国采风内容的诗词。

——题　记

凯旋门

巴黎城中凯旋门，
卫国英灵守护神。
凯旋本是征人愿，
留下此门独一人。

2003 年 9 月 8 日于巴黎

塞纳河

一河横贯巴黎城，
四十座桥如彩虹。
五大建筑守两岸，
灯照船移入画中。

2003 年 9 月 8 日于巴黎

艾菲尔铁塔

高耸入云融碧空，
观光电梯似流星。
人间奇迹在何处，
愿君早到巴黎城。

2003 年 9 月 9 日于巴黎

卢浮宫

金碧辉煌卢浮宫，
奇雕名画布其中。
皇帝已去遗迹在，
璀璨艺术留文明。

　　　　　2003 年 9 月 10 日于巴黎

巴黎圣母院

环顾巴黎圣母院，
精工建造八百年。
不知圣母灵安在，
留给后世一奇观。

　　　　　2003 年 9 月 11 日于巴黎

飞往非洲

率团非洲万里行，
促进合作责任重。
思绪万千凝一愿，
播下友谊心脉通。

　　　　　　2003 年 9 月 11 日
　　　　从巴黎飞往非洲途中作

地中海

地中海波冲蓝天,

万里云空见奇观。

彩云多姿雪山动,

难辨仙境与人间。

2003 年 9 月 11 日

飞往非洲途中作

飞往突尼斯

举手可摘北斗星,

迈步能踏白云行。

鸟瞰大地美如画,

不料朋友已速迎。

2003 年 9 月 12 日于突尼斯

突尼斯印象

地中海上一颗星,

橄榄之邦传美名。

文明悠久放异彩,

蓝天碧水拱名城。

2003 年 9 月 13 日于突尼斯

检阅仪仗队 *

军乐庄严国旗升，

军人仪仗显雄风。

步履稳健固国土，

祖国时时在心中。

　　　　　　　2003 年 9 月 14 日

注：检阅突尼斯仪仗队后作

突尼斯见闻

千手石雕栩如生，

镶嵌壁画鉴文明。

卡鲁万城清真寺，

苏市遗址览名城。

　　　　　　　2003 年 9 月 15 日

维多利亚瀑布

仰望瀑布兴意浓，

银帘飞落听歌声。

水溅雨雾千里韵，

戏得骄阳造彩虹。

　　　　2003 年 9 月 18 日于津巴布韦

津巴布韦

赞比两岸游人欢，

鼓乐相伴舞蹁跹。

黑人兄弟真好客，

中津友谊世代传。

2003 年 9 月 18 日于赞比亚河畔

赞比亚河

赞比亚河源流长，

两岸美景尽风光。

大象猩猩结伴过，

河马戏波覆三江。

2003 年 9 月 18 日

于赞比亚游船上

哈拉雷

春光沐浴哈拉雷，

花香鸟语醉如归。

白云清风拂面过，

火树银花夜乐飞。

2003 年 9 月 19 日在哈拉雷

赞比亚

赞比亚国多奇观，
白蚁垒窝隆群山。
仙人掌成合抱树，
百花盛开香人间。

野生动物喜结伴，
鳄鱼俯仰戏沙滩。
鸵鸟追车家常事，
大象成群游青山。
　　　　　2003 年 9 月 21 日
　　　　于赞比亚野生动物园

开普半岛

开普半岛多奇观，
蓝天碧海紧相连。
游客到此心何乐，
录像摄影争瞬间。
　　　　　2003 年 9 月 23 日
　　　　于开普半岛好望角

开普桌山

缆车旋转登桌山，

无限风光涌眼帘。

抬头碰到好望角，

俯首风城咫尺间。

2003 年 9 月 23 日

注：风城即开普的别称。因是两大洋分界线，风多故得名。

开普半岛

开普半岛多奇礁，

两洋分界好望角。

桌山风光景致多，

霸王花开百草凋。

2003 年 9 月 23 日于南非开普半岛

赠空姐

银燕破雾穿长空，

翼下白云静欲动。

悉心服务常带笑，

疑是嫦娥伴我行。

2004 年 7 月 2 日

在出访莫斯科途中赠乘务员

芬兰湾

芬兰湾畔夏行宫，

四面环山景不同，

喷泉直上三千尺，

泻下翡翠造仙境。

　　　　　　2004 年 7 月 3 日作于游船上

彼得堡

彼得堡城不夜天，

涅瓦河上行游船。

两岸美景观不尽，

蓦然已到芬兰湾。

　　　　　　　2004 年 7 月 3 日作

　　　　　于从彼得堡去芬兰湾的船上

古巴别墅

别墅坐落百花丛，

棕树入云摇碧空。

湖水似镜鱼飞跃，

深夜时有鸟鸣声。

　　　　　　　2004 年 7 月 6 日

加罗加海

加罗加海碧空晴，
两岸花开别样红。
天然氧吧润肺腑，
当谢友人伴我行。

2004 年 7 月 8 日

古巴加罗加海

漏滴拂晓百鸟鸣，
花遇晨露情更浓。
加罗加海漾碧波，
天高云淡万里晴。

2004 年 7 月 9 日
于古巴加罗加海

赠古巴女翻译

辛苦几日作翻译，
汉语流利数第一。
落落大方少女靓，
满腔热情笑可掬。

2004 年 7 月 9 日

古巴印象

艰苦奋斗几十年，

千难万险只等闲。

加勒比海明珠亮，

革命豪气五洲传。

2004 年 7 月 9 日于哈瓦那

古巴国宾馆

莲叶浮水摇春风，

花开映日姹紫红。

湖边长鸣火烈鸟，

梦中时绕故乡情。

2004 年 7 月 11 日于古巴国宾馆

杜嘎海湾

碧海蓝天潋一线，

红树紫花互缱绻。

百鸟啁啾止不住，

梦生弥望煊琼筵。

2004 年 7 月 11 日
于古巴杜嘎海湾

鸟瞰温哥华

碧海连蓝天，

雾稀生紫烟。

织女散鲜花，

仙景在人间。

2004 年 7 月 15 日

注：在委内瑞拉飞往温哥华的飞机上。

尼加拉瓜大瀑布

瀑布垂溅烟霭浓，

风鼓如雷震天庭。

人流随缘和善起，

细雨伴月别样情。

2004 年 7 月 16 日夜

飞往加拿大

雪山相连白云间，

江湖遍布无人烟。

高速公路从天降，

城市森林难辨分。

2004 年 7 月 17 日

穿飞三大洋

三洋碧空长龙穿，

追风逐日不夜天。

白花朵朵仙女撒，

紫气东来迎我还。

2004 年 7 月 19 日

注：从加拿大归国途中，因是迎着太阳飞行，24 小时
都是白天，回到北京上空，又突然看见彩虹满天，
有感而作。

归途即兴

银燕隆隆万里行，

白云滚滚脚下涌。

出访成功心自醉，

路途疲劳一扫空。

2004 年 7 月 22 日

注：20 天内访问非洲多国，紧张疲劳。但返回途中，
大家谈笑风生，即兴而作。

英姿飒爽

——赠乌拉圭国防部长贝鲁蒂女士

英姿飒爽硝烟间，
统帅三军威名传。
保国维和建功业，
文雅才女胜儿男。
　　　　2005 年 4 月 21 日
　　与贝鲁蒂女士会谈，即兴赋师一首，
以作纪念。

祖国风光

　　人生的最高境界，即是爱国如家。人无论是贫是富，国是生养自己的地方，是自己温馨幸福的港湾。所以，祖国的一山一水，一草一木，时刻都固守着我浓浓的深情。

——题　记

登泰山

蹬临岱顶极目望，
红日初升豪气壮。
白云脚下轻绕过，
阅尽人间思绪长。

1993 年夏天作于泰山顶

姑苏城

流水潺潺门前过，
小舟轻轻家中行。
春风和煦百花放，
飞桥倒影披彩虹。

听雷台前芭蕉声，
观雨亭中雾蒙蒙。
寂寞嫦娥下凡世，
鸳鸯相伴戏湖中。

1994 年 5 月 15 日于苏州

微山湖（一）

旭日东升霞满天，
游船待发扬白帆。
荷花芬芳迎面至，
鸳鸯戏水到湖边。

1997 年 7 月 16 日

微山湖（二）

微山胜景天地和，
举目难收万里波。
环岛荷花赏不尽，
清香沁脾醉如佛。

1997 年 7 月 23 日于微山湖

微山湖光

说花不是花，
云雾不是雾。
夜深静静来，
天明去无毂。
像梦一样短，
去留无觅处。

1997 年 7 月 24 日夜

江边晚露

一道残阳在水中，
半江碧波一江红。
六月初十夜不暄，
露似珍珠月如弓。

　　　　　　1997 年 7 月 26 日于长江游船上

小浪底 *

大堤南北锁黄龙，
波涛滚滚电机鸣。
改革开放结硕果，
变穷为富华夏荣。

　　　　　　　　　　1997 年 11 月

注：在小浪底看部队演习而作。

钟乳石

水滴钟乳数万年，
怪石奇峰桂林山。
遥望远处白云动，
近看万佛映其间。

　　　　　　　　1998 年 8 月 9 日

观山东淄博溶洞有感

石人山

人在云中走，
水从天上流。
欲知在何处，
立足石人头。
        1998 年 9 月 2 日
于河南石人山

青天河

大姑二姑仙人洞，
王母盘山坐顶峰。
和尚尼姑隔河望，
三教寺里传钟声。

老虎震山显威武，
巨蛙鼓肚仰天鸣。
骆驼饮水遗长恨，
三娘教子显真情。
        1998 年 9 月 19 日
于河南焦作青天河

石人山

偶登石人峰，
奇景尽眼中。
金色抱日月，
双鸟竞恋情。

细雨静悄悄，
雾霭壅时空。
王母阁台至，
巨蛙仰天鸣。

1998 年 9 月 29 日
于河南石人山

微山湖

微山湖上起飞舟，
忙里偷闲半日游。
秋日高爽风景美，
白云淡淡去悠悠。

双臂轻轻摇橹桨，
船随波浪缓缓流。
荷花阵阵送香来，
晚霞苇影斗水鸥。

老翁垂钓柳荫下，
青年撒网立船头。
农妇洗衣三分乐，
村姑私语七分羞。

鱼游浅底斗人爱，
鸟飞蛙叫竞自由。
垂柳轻轻身边过，
布谷声声唱枝头。

2001 年秋
作于微山湖岛上

西湖五月

池边垂柳随风扬，
金鱼雍容弋荷塘。
鸳鸯穿过绿波起，
白鹅高唱自称王。

2003 年 5 月 18 日于苏州

春游金陵

马达轰鸣入梦境，
织女下凡紫金城。
王母献桃待贵客，
吴刚敬酒情更浓。

2003 年 5 月 21 日于南京

松花江

东边日出西边晴，
神女峰上披彩虹。
松花江上飞轻舟，
千年奇境收眼中。

2003 年 8 月 6 日
于松花江游船上

山河美

头顶烈日蓝天，
脚踏白云青山。
瞰视祖国盛貌，
心头激动万千。

2003 年 8 月 27 日
于成都到西安飞机上

西山秋色

西山红叶寒风催，

佳巢带露迎鸟归。

秋菊傲霜放清香，

风景如画晨曦醉。

　　　　　2003 年 11 月于北京西山脚下

燕山冬日

燕山环落隆冬中，

风光不拟春多情；

不料一隅抖兴致，

松柏披雪数英雄。

　　　　　　　　2003 年 12 月 2 日

亚龙湾

碧海扬波万里晴，

天女扬花漫长空，

亚龙湾畔汇人气，

千姿百态饰苍穹。

　　　　　　2004 年春节于海南亚龙湾

除夕夜

小岛别墅深夜静，
月落窗前送温情。
读诗吟词心潮起，
长夜灯伴至天明。

2004 年 1 月 27 日
全家在广东惠州西湖岛别墅

西湖别墅

西湖别墅美如画，
鸟语花香落人家。
苏堤南北穿湖过，
水畔倒影泗州塔。

2004 年 1 月 27 日
于惠州湖心岛别墅

异乡心语

夜风吹破西湖镜，
岛上别墅水中动；
明月皎辉凝万物，
孰知思亲难入梦。

2004 年 1 月 27 日夜
于惠州湖心岛别墅

珠海观光

山叠泉水飞流下，
竹仙洞前开桃花。
温泉风暖轻撩雾，
黄洋八景觅人家。

2004 年 1 月 28 日于珠海

漓江细雨

漓江苍茫春雨浓，
青山碧水尽朦胧。
满目盛景潜入水，
行船疑在山峦中。

2004 年 2 月 1 日于漓江游船上

七里岩洞

巧夺天工七星洞，
拱桥如月江中耸。
山湖相映成一色，
万籁俱寂独峥嵘。

2004 年 2 月 2 日
参观广西七里岩洞

榕湖春光

榕湖春意美，
万物溢清香。
古树抽新芽，
游人不思乡。

　　　　2004 年 2 月 2 日在广西
参观榕湖公园三百年大榕树下

高楼瀑布

高楼瀑布瓦上挂，
灯水相映披彩霞。
天赐桂林多奇景，
人造天河第一家。

　　　　2004 年 2 月 2 日晚
观桂林楼上瀑布

漓江夜景

两江四湖水相通，
拱桥各异情相融。
乘船畅游漓江水，
夜赏美景趣更浓。

　　　　2004 年 2 月 4 日夜
于漓江游船上

漓江玩味

水浮舟船八面通，

穿桥荡湖百趣生。

桂林山水甲天下，

流连忘返乐无穷。

2004 年 2 月 6 日于桂林

燕山春旱

春暖花开燕山行，

夕阳欲下满天红；

敢问此时哪里美，

桃花盛开数险峰。

2004 年 2 月 2 日

视察燕山油库而作

安徽龙湖

偶居龙湖池塘边，

万亩荷花收眼帘，

晨听牧童笛声响，

晚看百花争斗妍。

2004 年 4 月 27 日

游植物园

春风唤醒植物园，
红花绿叶展眼前。
古树参天沧桑度，
卧佛香睡逾千年。

2004 年 4 月于北京植物园

游长江口

溪涨鱼戏风拂面，
月落星繁挂天帘，
船灯横在长江口，
一声长笛起中山。

2004 年 5 月 1 日于南京

春满长江

竹露滴声响，
残月子夜凉，
春江满绿影，
和风送清香。

2004 年 5 月 2 日于长江边

黄埔江夜

黄埔江水向东流，
五光十色水上楼，
南北通道走江底，
金茂*明珠江中游。

　　　　　　2004 年 5 月 4 日
　　　　于黄埔江游船上

注：金茂即金茂大厦。

韶山冲

上有广寒宫，
下有韶山冲。
在此住一夜，
老叟变顽童。

　　　　　　2004 年 5 月 16 日
　　　　于湖南韶山冲

走马长江

江湖相会起波浪，
船如穿梭运输忙，
两岸松竹滴滴绿，
遍地黄花分外香。

　　　　　　2004 年 5 月 26 日车行江边作

春游漓江

春游漓江水，
船行云雾中。
鱼在水中跃，
百鸟两岸鸣。

2004 年 5 月于漓江船上

洞庭湖 （一）

洞庭湖光微漪澜，
水远天外有白帆。
台前鲁苏秋点将，
岳阳古楼有诗仙。

2004 年 5 月 30 日于洞庭湖

洞庭湖 （二）

洞宾长卧三醉店，
柳毅深情把书传。
君山顶处二妃墓，
文人墨客留诗篇。

2004 年 5 月 30 日于洞庭湖

夜宿龙山

翠竹迎风动，
白云龙山行。
惊鸟林中起，
知了彻夜鸣。

2004 年 6 月 6 日

望月台

喜登望月台，
桂花寒宫开。
嫦娥舒广袖，
引得吴刚来。

2004 年 6 月 10 日

游衡山

翠竹环抱千年松，
细雨笼罩衡山峰。
香火缭绕远乡客，
天佑荷池度苍生。

2004 年 6 月 22 日

书西岭

千年古柏卧佛寺，
潺潺溪水樱桃沟，
万株红叶染西岭，
黄黄腊梅迎客游。

2004 年 9 月 28 日

燕山行

金色硕果挂燕山，
登高远眺山海关，
老龙常饮渤海水，
亭台楼阁连云天。

2004 年 10 月 2 日

神州怀古

　　怀古，多于情致，思于史地，先贤皆垂如斯。唱叹逝者，纵鉴天地，故而泛情不曾；焉复垂风月，苍生不绝，不禁欲颂贤寄意。

——题　记

谒诸葛庐

三顾茅庐请贤圣，
逢时诸葛发正秾。
宏图大略隆中对，
鞠躬尽瘁叹神灵。

1989 年 5 月 4 日于河南南阳

谒医圣祠

弃官从医，
造福民生。
高风亮节，
万古传名。

1989 年 5 月 7 日于河南南阳

虎丘塔

虎丘塔上吴王陵，
寒风古刹传钟声，
西施虽死香魂在，
运河纵穿姑苏城。

1995 年 5 月 20 日于江苏苏州

微子*坟

微子伐纣骨肉分，

高风亮节入贤林。

人生哪有百年好，

疾恶扬善志永存。

1997 年 7 月 13 日于微山岛

注：微子是纣王的哥哥，对纣忍无可忍，策划反纣，
　　做出历史贡献，死后葬于微山岛上。

张良墓

张良墓前思圣贤，

历史画卷展眼前。

刘邦称霸显神威，

雄才大略万古传。

1997 年 7 月 16 日在微山岛上

吊微子

微子长眠微山前，

大爱无音天下鉴。

护民灭亲乃壮举，

留名青史憾圣贤。

1997 年 7 月 16 日

英雄碑

微山湖边起狼烟，
倭寇铁蹄犯中原。
英雄铁道游击队，
神出鬼没丧敌胆。

　　　　　1997 年 7 月 16 日
　　参观铁道游击队历史博物馆而作

秋瑾墓

遍阅群芳君出众，
坎坷奋斗巾帼雄。
革命未成身先亡，
英魂常在唱大风。

　　　　　1997 年 10 月 3 日
　　　作于秋瑾墓前

函谷关

古道历来一线天，
行人不宿稀人猿。
常有兵家设伏地，
鸡鸣台上留狼烟。

青牛西去踏关山，
紫气东来霞满天。
文官武将求妙谛，
道德圣经万古传。

1998 年 7 月 19 日于函谷关

谒毕干*墓

宁肯直谏刨心死，
不愿忍伴昏君生。
历代忠臣称楷模，
英烈豪气贯长虹。

1998 年 10 月 2 日

注：毕干被纣王剖心而死，葬于河南卫辉，气节世代
敬仰，参观赋诗一首。

谒张良冢

微子岛前张良冢，
杳无人迹柏树封。
何惜荒坑埋忠骨，
留有惊天动地功。

1999 年 7 月 13 日
于微子山岛上

金陵神话

金陵乍作黄粱梦，

醒来原是一场空，

怒发千丈卫冠起，

拔剑削平龟蛇峰。

2003 年 4 月 22 日于南京

游居庸关

天下雄关数居庸，

战友携手共攀登。

艰难险阻何所惧，

兴高采烈乐融融。

2003 年 6 月 12 日
同老战友岳宣义同志登居庸关

都江堰记

都江堰水润神州，

李冰父子最风流。

科学治水利万代，

丰功伟绩传千秋。

2003 年 8 月 26 日

古北长城（一）

古北长城春意浓，
黑龙潭口溪水清。
白杨垂柳渐变绿，
华夏山河万物荣。

　　　　　2004 年 2 月 28 日于古北长城

古北长城（二）

古北长城势巍峨，
黑龙潭水扬清波。
万物复苏闹春意，
装点塞外好山河。

　　　　2004 年 3 月 25 日于古北长城上

南京晨吟

钟山津渡水明楼，
三路行人为何愁。
激落夜江斜月裹，
金陵飞雨一叶舟。

　　　　　　2004 年 5 月 15 日
　　　　冒雨拜谒中山陵而作

金陵夜思

龟蛇山月半寒秋，
影入天堑春水流。
枉发清涛奔大海，
思君不见九州游。

2004 年 5 月于南京

孙权墓

孙权称霸龟蛇居，
血雨腥风洒东吴。
劝君莫论封侯事，
功成名就成古墓。

2004 年 5 月于南京
在孙权墓地有感怀

虎山行

游览虎山兴致浓，
南北奇观收眼中，
文人墨客诗篇在，
当信今景胜古城。

2004 年 5 月于南京

帝王陵

钟山潭水自悠悠，
寒来暑往几度秋。
宫中吴王今安在，
城外长江空自流。

2004 年 5 月 16 日于南京

刘备招亲

刘备招亲江东，
月英倾心钟情，
昨晚悲云惨露，
今宵星月春风。

2004 年 5 月 22 日于南京

雨花台

曙光初上雨花台，
百花笑迎晨露开，
烈士鲜血化沃土，
千树万花后人栽。

2004 年 5 月于南京雨花台前

钓鱼城

三江合川钓鱼城，
军民团结战顽凶。
志士虽死雄魂在，
留作豪气垂丹青。

2004 年 9 月 11 日

长城颂

放眼长空千顷波，
万里长城势巍峨，
中华儿女多奇志，
世界奇观壮山河。

2005 年 3 月 18 日
作于古北长城

书斋遐想

　　精神，源于文化倾向。因此，它既是人的力量源泉，又是人生的目标趋向。

　　故而，终生学习，惯于思考，勤于践行，理应成为人的一种生活习性。

——题　记

68

思古贤

自古哲人笃思辨，
远离闹市避紫烟；
居生青睐笔与墨，
洗砚浣毫栖警言。

遥怀千载如夜梦，
人老不复时流年；
心素诚邀后来者，
举杯浇洒敬先贤。

1993 年 7 月 1 日夜

青楼恨

花开自有花落地，
谁比痴情风尘女。
苦甜酸辣一一尝，
莫知老来何处居。

1994 年 8 月 6 日夜
读小说《风尘女》有感

思名将

东晋名将吴隐之，
不饮贪泉明大志。
身出污泥而不染，
两袖清风昭后世。

　　　　　1997 年 11 月 7 日夜读史书偶得

雪夜思

北风劲吹刺骨寒，
雪花又飘黄河滩。
夜深静思难入睡，
更怕残月照床前。

　　　　　1997 年 12 月 15 日
　　率部队在黄河滩拉练，天气特别寒
冷，加之情况复杂，夜不能寐。

迎君竹

门前翠竹亲手栽，
四季常青远尘埃。
虚怀若谷真君子，
微风长舞迎客来。

　　　　　1997 年 12 月 20 日于新乡宿舍

读"紫荆"

夜披征衣读紫荆，

世界风云耳边鸣。

真理点滴化春雨，

传播友谊架彩虹。

> 1998 年 12 月 10 日夜
> 读"紫荆"作

鞋子颂

一双孪生像小船，

同负重担任人穿。

男女一生谁可少，

何需翻身争露颜。

> 2001 年 1 月 1 日夜

孤灯对

朔风劲吹扣寒窗，

月移楼廊竹飘香。

年过半百不服老，

深夜挑灯读华章。

> 2000 年 1 月 2 日

白云浮

翻来覆去马行空，
轻风一吹无踪影。
只因六神不自主，
落下一个轻浮名。

2001 年 8 月 1 日

居安思危

夜读史书心潮涌，
万马奔腾在心中。
治国安邦古为鉴，
太平盛世靠强兵。

2002 年 2 月 3 日

铅笔品格

小小炭柱木中栽，
诗情画意信手来。
常思刀光剑影处，
一露头角锋自开。

2002 年春节赠外孙

垃圾桶赞

心底无私天地宽，
难容之物肚中攒。
名称不美有何妨，
愿留清洁在人间。

2003 年 1 月 1 日游园有感

松梅竹菊

松迎劲风更挺拔，
梅花遇霜香万家。
竹遭严寒滴翠绿，
菊傲秋霜独开花。

2003 年 1 月 2 日

书斋独语

除夕梅花迎雪开，
爆竹声声满楼台。
天上人间共庆贺，
孤灯伴我坐书斋。

2003 年 2 月 3 日

仲月荷花

仲月荷花始盛开，

白里透红嫦娥腮。

可怜日暮清香散，

莫怪多情独徘徊。

2003 年 7 月 23 日

载人飞船上天（一）

登月壮观天地间，

银河茫茫迎飞船。

白云朵朵露笑意，

万里河山喜浪翻。

2003 年 10 月 15 日

载人飞船上天（二）

祖国大地生巨变，

登月壮观天地间。

华夏实现飞天梦，

亿万神州尽开颜。

2003 年 10 月 15 日晚

看西厢记

皓月当空照西厢，
月移花影如水淌。
深夜庭芳情人会，
丫鬟胜过诸葛亮。

2004 年 3 月 3 日
看京剧西厢记有感

连根生

翠竹年年摇春风，
细雨滋润笋已成。
茂盛新竹光景好，
只因老竹连根生。

2004 年 5 月 4 日于南京牛山竹

骆驼颂

世上惟尔傲双峰，
沙漠之舟赐美名。
任劳任怨乐事主，
造福苍生献忠诚。

2004 年 7 月 9 日
在古巴参观骆驼表演有感

月季花

无声悄然竟自开，
轻风清香入窗来。
不与牡丹争富贵，
但求大众舒心怀。

2004 年 8 月 1 日

荷花颂

披风斗浪数荷花，
池塘深处把根扎。
身出污泥而不染，
绿叶出水更荣华。

2004 年 8 月 15 日于白洋淀

狂想曲

吟诗作赋抒衷情，
说天道地话亦诚。
自古英雄多兴趣，
莫笑老叟无自明。

2005 年 2 月 8 日

望星空

燕京月淡星高悬，
寒风劲吹小楼暄。
跳下银河能洗澡，
唤来织女可聊天。

2005 年除夕之夜
在园子散步仰望星空所得

吉祥年

寒风摧竹声，
雪中梅花红。
喜鹊登枝唱，
金鸡报晓鸣。

2005 年农历鸡年春节
于书斋中

梦中吟

隔断通天无限路，
毕竟银河遮不住。
经纶满腹可奈何，
夜来入梦为君赋。

2005 年 2 月 8 日深夜

英雄颂

自古英雄磨难多，
赤诚奉献不用说。
练就丹心养正气，
锻造铁骨壮山河。
　　　　2005 年 2 月 28 日

怡然自得

春看百花秋望月，
夏有凉风冬赏雪。
心底无私天地宽，
莫枉人生好时节。
　　　　2005 年 4 月 1 日

战友情深

　　半个世纪的军旅生涯，有许多事让我牵挂，但是，最令我萦怀的还是那些与我长期厮守的战友之情，它像陈年老酒，不时地散发出阵阵醇香……

　　　　　　　　　　　　　　——题　记

吊烈士

舍身为国无遗恨，
铁骨双肩两昆仑；
焚去家书寄亡灵，
夜托玉壶奠忠魂。

1997 年 11 月 20 日

送老兵

老兵解甲车欲行，
泉城泪伴踏歌声；
宁舍身外千斗金，
难忘战友兄弟情。

1997 年 11 月 30 日

赠战友

自古英雄多困厄，
贯通人生在自我。
心欲舒畅约李聃，
药理疗神胜华佗。

挚友至交情难阙，
世上好事皆多磨。

急难之时见真心，

人为知己死也乐。

> 1999 年 8 月 1 日

长寿赋

老来求知不放松，

适度劳动血脉通。

肚子饥饱要适度，

乐观无私好心情。

> 1999 年 8 月 28 日
>
> 为老首长 90 周岁生日留言

学生兵

寒窗十六载，

今朝穿戎装。

立下报国志，

赤胆献国防。

> 2001 年中秋节
>
> 赠参军大学生

不老诀

脑子不老经常用，

适度运动手脚灵。

节制饮食养静气，

精神快乐胜玩童。

2001 年 8 月 26 日

为 89 岁老首长祝寿时留言

哭英雄

文坛耕耘称巨擘，

战场杀敌建奇功。

弹痕遍身无所惧，

笑傲死神化彩虹。

2002 年新春佳节作

思念战斗英雄、文坛巨星赛时礼

送离异战友

精神焕发志不衰，

身体康健春常在。

五十知命并不老，

最美不过迟来爱。

2002 年 12 月 7 日

贺千金

女儿来世上，
明艳举无双。
心有无价宝，
万事皆顺畅。

　　2003 年 3 月 8 日
为战友喜得千金题贺

吊烈士

自古英雄出民间，
纨绔胄子少伟男。
功成名就不可求，
只为华夏金瓯圆。

　　2003 年清明节
于济南英雄山

赠诗友

燕京春雨洗灰尘，
寒舍四周绿成荫。
听君一首抒情诗，
千里之外也宽心。

　　2003 年 5 月 20 日

劝寿歌

不信气功不练拳，

不拜耶酥不打禅。

世上哪有不老药，

顺其自然到百年。

2003 年 6 月 9 日

为老首长祝寿而作

赠退休战友

横戈马背三尺剑，

呕心沥血铸雄关。

精忠报国四十载，

钢筋铁骨度晚年。

2003 年 11 月 16 日

题《虎啸图》

虎啸神州壮国威，

铁军豪气生风雷。

军民同立卫国志，

钢铁长城谁能摧。

2003 年 12 月 4 日

赠转业部下

军旅生涯几十年，
冲锋陷阵闯在前。
艰苦奋斗铸军魂，
进退去留任党选。
转移阵地存豪气，
宏图大志雄风展。
莫叹前程无大道，
与时俱进谱新篇。

2004 年 4 月 2 日于北京

官兵夜话

江南山青绿水多，
翠竹摇枝戏清波。
高山落日白云裹，
官兵夜谈掏心窝。

2004 年 6 月 6 日
于涟源仓库同官兵谈心作

白龙山色

白龙山高峰连峰，
绿竹翠柏朝天涌。
彩云漫道路不见，
行车好似在空中。

　　　　　2004 年 6 月 6 日

涟源记趣

朝日沐青山，
晚霞染蓝天。
夜卧听竹语，
松鼠撩门帘。

　　　　　2004 年 6 月 6 日

涟源夏夜

青山白云动，
绿水自天成。
林影照残月，
细雨百花荣。

　　　　　2004 年 6 月 6 日夜
于涟源仓库

涟源情绪

白云几徘徊，
水绿无花开。
夜静问明月，
何时能再来。

> 2004 年 6 月 9 日晚
> 于涟源仓库

夜赴长沙

今临江南感慨多，
竹影动处亮水波。
青山着意白云绕，
夜惊飞鸟无奈何。

> 2004 年 6 月 9 日夜
> 从涟源回长沙国防科技大学而作

涟源静夜

晨雾浸青山，
晚霞染遍天。
寝静虫唧啾，
梦中水潺潺。

> 2004 年 6 月 9 日晚
> 于涟源仓库

夜过白龙山

山月皎洁格外明，
竹拂微风绿波涌。
千丈瀑布飞流下，
夜来飞鸟寂无声。

　　　　2004 年 6 月 20 日
　　赴涟源看望官兵而作

赠退休战友

人生壮美染夕阳，
银发渐增情更爽。
二度梅花不言语，
金秋百果笑傲霜。

　　　　2004 年中秋节
　　赠退休老战友

庭院漫步

　　我崇尚自然世界中的一切美丽事物。蓝天白云的舒朗淡远，青山绿水的钟灵毓秀，大海江河的激情浪涌，无不给人以造化天成，如诗流韵的畅扬美感。

　　闲暇之余，置身庭院，漫步花丛，耳听着翠鸟的欢歌，沐浴着细柔的微风，心中难免升腾起一种心旷神怡般地凭栏之感。进而，情不自禁，神思飞扬，意境万千……

——题　记

乐在泉城

三面荷花两面柳，
美如诗画醇如酒。
劝君莫去桃花源，
苏轼何须蓬莱走。

1994 年春作于济南宿舍

小楼写意

小楼已改旧时容，
百花齐放斗春风。
细雨蒙蒙松针绿，
喜作拙诗叙心情。

1994 年春天于济南
小楼维修之后作

小楼月夜

月朗星稀东方红，
孤灯未灭梦难成。
披衣面向庭院望，
招来满树喜鹊声。

1994 年于济南住宅

花海如潮

杜鹃火红颜未衰，
秋菊金黄又盛开。
梅花迎雪飘香过，
仙客此时又重来。

1997 年元旦

牡丹咏

严霜盖地高天寒，
牡丹待放小阑干。
一缕清香显国色，
恰似刻意迎我还。

1997 年 3 月

注：开人代会刚回家，看到小院牡丹比正常年份提前
　　开放，偶得此诗。

国色天香

牡丹含苞正盛开，
斜飞宝玉衬香腮。
天香轻飘袭人去，
国色倾城难重来。

1997 年 4 月 15 日于新乡家中

雨后感

雨过天晴飞彩虹，
疑是嫦娥下月宫。
谁说老天不长眼，
万物竞发乐无穷。

1997 年 7 月 22 日
久旱逢雨而作

喜雨新晴

盛夏炎热不见阴，
知了长鸣更烦心。
忽闻一阵风雷起，
久旱逢雨万物春。

1997 年 8 月 6 日

小院赏花

千树万花亲手栽，
雪梅未谢玉兰开。
牡丹芍药争斗艳，
月季香飘庭院来。

1997 年 8 月 12 日

秋菊傲霜

苍穹万里白霜来，
迎风傲寒独自开。
清香阵阵满院撒，
牵动多少诗人怀。

1997 年 11 月 20 日

桃花园记

隆冬时节雨霏霏，
红楼深处绕云微。
百花健翩春泆色，
巧避朔气藏瑰玮。

1997 年 11 月 20 日

于济南家中

冬梅迎雪

白雪袭来枝皑皑，
午夜冰花月下开。
幸得一番寒霜苦，
不然清香何处来。

1997 年 12 月 30 日晚

腊梅寄语

腊梅绽放在冰池，
花开一树展高枝；
清风吹来情弄影，
寒露耳语香不止。

欲折一束赠贵友，
山水遥隔难致之；
无奈踱步多惆怅，
待到来年花开时。

> 1999 年 12 月 26 日
> 于济南家中

夏日倾情

绿树浓荫夏日长，
楼台倒影插池塘。
窗前缥帘涟漪起，
暗送阵阵米兰香。

> 2001 年 8 月 1 日
> 作于济南小楼门前

雪梅解意

思亲难入寐，
寒夜钟声长。
吟到梅飞雪，
诗成字也香。

　　　　2002 年春节于济南宿舍

千佛山

昔日探佛北麓焉，
不知山南更蔚观；
世事家事皆如此，
复读人生悟在先。

　　　　2002 年 3 月 28 日
于济南千佛山前

花丛漫步

小园信步四面香，
引来蜜蜂到楼堂。
唯有牡丹解人意，
花开笑面话家常。

　　　　2002 年 4 月 1 日
于济南宿舍小楼前

仙客居

庭园雨过别样清，
石榴花开映窗红。
葡萄架下日当午，
忽闻莺雀鸣不停。

2002 年 8 月 2 日

小院秋色

小院近日可邀人，
手栽梧桐已拂云。
半亩青荫吾所欲，
一窗秋色待君分。

2002 年 10 月 2 日

金菊傲霜

白似云雪吐芬芳，
黄如金丝烁灵光。
待到百花凋零后，
再抖朔风傲风霜。

2002 年 10 月 4 日

咏 菊

乍觉初入冬，
霜来万紫红。
寒冷更昂首，
金菊傲霜风。

2002 年 11 月 9 日

采莲曲

荷叶罗裙一色裁，
芙蓉白脸两边开。
钻入池塘看不见，
闻歌始觉有人来。

2003 年 8 月 8 日

天赐奇观

双双生石上，
景致两极分。
不羡牡丹荣，
平淡守清贞。

2003 年中秋节
观竹子和牡丹长在同一块石头上，
各有不同特色偶感。

春 节

夜寒楼暖梅花开，

灯火通明乐人怀。

鞭炮鸣彻除夕夜，

忽闻客人上楼来。

2003 年春节

于济南四季村宾馆看夜景作

庭院花前夜

玉兰花落春犹在，

一枝牡丹含羞开。

月季斗艳令人醉，

梅花放香出墙来。

2003 年 3 月 16 日

春临小楼

初春楼外百花开，

喜鹊登枝迎君来。

眺望远处满院绿，

研读史书心开怀。

2004 年 2 月 2 日

咏梅 （一）

窗外独放一枝梅，
寒香迎风扑面吹。
环顾四周暗香涌，
宁静淡然做花魁。

2004 年 2 月 15 日

咏梅 （二）

小楼昨夜白雪盖，
清香一缕扑鼻来。
疑是织女撒鲜花，
满院腊梅已盛开。

2004 年 2 月 18 日

咏梅 （三）

梦中醉卧钟山云，
遥望金陵满月春。
相思一夜梅花放，
香飘窗前疑是君。

2004 年 4 月 16 日于南京

乔迁新居 （一）

楼外春风花千枝，

百鸟合唱庆吉日。

窗外喧嚣室内寂，

研读史书谁人知。

2004 年 4 月 26 日

颐养阁

青松翠柏玉兰花，

蕃茄苦菊吊黄瓜。

借问此处谁人住，

入俗诗画是我家。

2004 年 4 月 25 日

搬新家时作

乔迁新居 （二）

春晨楼前花盛开，

万丈霞光映翠柏。

清风拂面精神爽，

喜鹊登枝报春来。

2004 年 4 月 26 日

夏夜思

雏燕欲飞夏时深，
白杨伸枝自成荫。
西窗一轮溶溶月，
照抚兰花得素心。

2004 年 8 月 26 日

翠竹情

露涤灰尘格外青，
风摇玉干弋凌空。
终年相伴胜君子，
一枝一叶总关情。

2005 年 1 月 2 日

老梅树

窗前老树一株梅，
花开千朵无叶陪。
严寒独自吐清香，
笑傲风雪摧春雷。

2005 年春节于北京住宅

梧桐树

梧桐逢春发新芽，
初夏时节又扬花。
喜鹊登高来报信，
风飘书房香到家。
2005 年 5 月 1 日

人生抒怀

生命之火即使不能燃烧，也要冒几股青烟。

余虽才智贫弱，但报国之情盈盈。孩提时的从军志，将陪伴我到永远，永远……

——题　记

思壮举

惜别胶东心不怵，
转战中原展宏图。
人生能有几回搏，
笑迎困难心坦途。

1987 年 8 月 1 日
于某集团军军部宿舍

将相和

廉颇英勇世无双，
相如为国德高尚。
携手同唱将相和，
团结奋斗美名扬。

1997 年 11 月 12 日

叙　怀

人生短暂数春秋，
梦中时常为民忧。
功名利禄如流水，
俯首甘为孺子牛。

1997 年 11 月 30 日

心　和

人生自古如海波，
有时起来有时落。
起时无甚了不起，
落时也别伤心多。

1998 年 10 月 27 日于渤海湾

忆海岛

南疆长山不老松，
滚滚海浪鉴真功。
夜半醒来情未了，
老兵寄语萦梦中。

1988 年 9 月 6 日
重返长岛作

母亲颂

初春细雨润肺腑，
炎夏徐风解人烦。
金秋花果献人民，
隆冬炉火暖心田。

2000 年 9 月
入党 40 周年而作

学习孔繁森

学习楷模孔繁森，
甘作黄牛勤耕耘。
哪里需要哪里去，
艰苦练成公仆心。

学习楷模孔繁森，
言行一致党性纯。
愿做蜡烛心一条，
燃尽自己照后人。

学习楷模孔繁森，
全心全意为人民。
一身正气不为己，
两袖清风不染尘。

1998 年 8 月 1 日

自律篇

春天的雨可以润育万物，
夏天的风可以使人凉爽。
秋天的果可以给人营养，
冬天的炉可以暖人心房。

2001 年入党 41 周年时述怀

注：作为一个真正的共产党员，应有这种品格。

叙心怀

在南北征战中，
我找到自己的心灵；
在东游西荡中，
我找到自己的绿洲；
在上下求索中，
我找到自己的位置；
在古往今来中，
我找到自己的智能；
在学习英模中，
我找到自己的差距。

2002 年
为入党 42 周年而作

答战友

历经坎坷惜余生，
饱经沧桑更有情。
年老心少君莫笑，
只缘越活越年轻。

2003 年 6 月 3 日
同战友话人生时作

平常心

花开花落平常心，

人事更替自古今；

帝王将相无其数，

留作青史有几人。

2004 年 8 月 10 日

处之若素

人生短暂有何叹，

为暖人间学春蚕。

身负重担难自由，

心灵深处有港湾。

2003 年 6 月 6 日

自　强

东海男儿志当强，

敢创伟业破天荒。

艰难困苦炼豪气，

与时俱进我护航。

2003 年 11 月

于党的十六大召开之日

述　怀

有幸来到人世间，
酸甜苦辣五味全。
历经艰难成大业，
无愧人生心自甜。

　　　　　　　2003 年 12 月 25 日晚

人生无悔

童年常伴心酸泪，
壮年戎马战鼓催。
披肝沥胆效国家，
青丝挂霜心无愧。

　　　　　　　2004 年 2 月 10 日

咏　志

少年从军练武功，
老来移兴习丹青。
执著不怕长进慢，
斟酌三度字琢琼。

自知研艺无止境，
咬定青山不放松。

陶情健身自得乐，
不求警世成大名。

2004 年 2 月 18 日

党校研读

春风扑面万物苏，
中央党校来研读。
树立科学新观念，
强军卫国展宏图。

2004 年 3 月 6 日于中央党校

祝人代会召开

三月杨柳随风荡，
玉兰盛开放清香。
人民代表举盛会，
祖国无处不春光。

2004 年 3 月 15 日于人民大会堂

网上演习

决战之前待黎明，
三军网上大演兵。
虽无真枪实弹响，
谁胜谁负却分明。

2004 年 4 月于大演习结束时作

湘江夜思

三湘自古名士多，
花甲之年坐课桌。
苦钻细研高科技，
誓保祖国好山河。

2004 年 5 月 12 日于湖南

志在千里

自古雄才志非凡，
艰难险阻只等闲。
待到祖国强大时，
豪气风雷撼泰山。

2004 年 5 月 17 日
于长沙国防科技大学

生日独语

儿时困匮心无悲，
少年戎军纵辔飞。
蓦然时光跌荡去，
欣慰老身新枝催。

2004 年 6 月 30 日生日

赠外孙乐乐

光阴似箭使人惊，
年华不可再春回。
黑发应知多努力，
免得白头空伤悲。

2005 年 3 月 22 日

翰海墨缘

少年从戎练武功，
为国运筹帷幄中。
艰难困苦炼大志，
忠心赤胆作民佣。

老来时光不轻松，
藏书千卷度余生。
陶冶情操固精力，
独坐旷野还池城。

2005 年 3 月 30 日

述　怀

漫漫人生日向西，
甘为后辈作人梯。
长江后浪超前浪，
历史规律谁能移。

　　　　　2005 年 6 月 30 日生日

生活拾遗

　　人的经历，时常会在岁月的磨砺中变得平淡无奇，但若干年后，又会在蓦然回首中发觉其中的许多惊异。这里的故事或许平淡，但它却凝结着生活的喜怒哀乐和人间亲情，它无时无刻不闪烁在记忆的沙滩上。

——题　记

月当空

夜深人静月当空，
玉兔盘山显神通。
寂寞嫦娥翩翩舞，
唤起吴刚诗意浓。

1993 年中秋节

友情重

自古人道爱情重，
而我友情胜爱情。
爱情花开有谢日，
真诚友谊万古青。

1993 年离开河南新乡
赴济南军区上任时送友人

母思子

寸草绵绵吐翠微，
青山巍巍白云飞。
彤彤红日披晚霞，
殷殷倚闾望儿归。

1993 年 12 月 29 日于济南

仲　秋

皓魄当空宝镜升，

借问仙女寂无声。

平分秋色嫦娥舞，

长伴吴刚千里明。

1994 年中秋赏月有感

赏　月

狡兔空悲弦外落，

妖魔休问眼前生。

灵槎拟约同携手，

期待银河彻底清。

1994 年中秋观月有感

女兵方队

烈日炎炎似火烧，

演兵场上志气高。

巾帼不逊须眉色，

英姿焕发分外娇。

1995 年 7 月
于山东潍坊部队医院

中秋月圆

东西南北经风雨，

春夏秋冬历暑寒。

志士仁人图国强，

男女老少盼团圆。

1995 年中秋节夜

海边望月

陈酒浓郁放清香，

拟邀同胞共品尝。

年年岁岁情如织，

海边望月诉衷肠。

1995 年中秋节于山东青岛

重 阳

闲暇散步入阁堂，

菊花含苞放清香。

秋风劲吹色更艳，

绽开笑脸迎重阳。

1995 年农历九月九日

月下放歌

中华美酒天下扬，
春夏秋冬四季香。
纵情举杯邀明月，
海水怎能用斗量。

　　　　　　1996 年中秋节于山东青岛

晴夜追思

银河茫茫遥无踪，
玉兔寂寞愁有终。
明月一轮海底出，
金光四射挂浩空。

　　　　　　1996 年在山东青岛
　　　　　过中秋节时观海弄月而作

赠牛虎兵

孺牛为民献真情，
猛虎报国显威风。
老兵解甲立大志，
转战商海建奇功。

　　　　　　1997 年 11 月 20 日

赠某诗人

古今长寿多诗仙，

搜肠刮肚觅佳篇。

心情舒畅无忧愁，

自寻其乐可百年。

1997 年 12 月 5 日于济南

贺新婚

多情却似总无情，

于无声处情愫通。

相见时难别亦难，

为创大业暂西东。

1999 年 5 月 1 日

赠归国结婚伉俪

战鹰之歌

战鼓咚咚擂长空，

搏击万里赛鲲鹏。

狂风暴雨何所惧，

豪气冲天化彩虹。

2001 年 1 月 1 日

谢农夫

滴滴辛勤汗，

粒粒玉玛珠。

食者若有意，

莫忘谢农夫。

2002 年 7 月 22 日

扶贫调研途中，和农夫谈天说地时作

抗非典

龟山酒楼五月春，

青山绿水空无人。

独在江边自吟赋，

痛斥非典乱人心。

2003 年 5 月

发生非典，心急如焚。可喜的是，中
央采取有效措施，抗击非典取得胜利。

赠瓜农

夏日炎炎万里晴，

老翁居住西瓜棚。

辛勤劳作九十月，

朝暮祈盼好收成。

2003 年 7 月 20 日写于山东章丘

忆泉城

我从泉城来，
又回泉城去。
春风吹人心，
柳絮飞落地。
此情不可言，
此景何时遇。
远望不见君，
山间升妖气。

　　　　　2003 年与非典斗争时

恤铁匠

黄泥土炉低草房，
三伏煎熬烈火旁。
走出门前仍灼热，
偏间一刻为乘凉。

　　　　　2003 年 7 月 28 日
于山东章丘市

赠离异战友

自古爱情悲剧多，
美满夫妻有几何。
五十离异莫伤心，
重新扬帆奏凯歌。
精神焕发永不衰，
身体康健神洒脱。
年至半百日当午，
大步流星奔爱河。

2003 年 8 月 9 日

把酒问月

牛郎挥泪情涌动，
只因织女居寒宫。
喜鹊搭桥难相会，
苍天无道太昏庸。

2003 年中秋节

圆月伴读

天高盘月满楼台，
万顷光波亮胸怀。
置身百花清香地，
夜深读史卧古斋。

　　　　　　2003 年中秋节作

吴刚泪

美妙歌声潮初落，
江边鲜花露未干。
月中吴刚挥泪雨，
可因嫦娥居宫寒？

　　　　　　2003 年中秋节晚

嫦娥盼

中秋明月圆，
银光撒满天。
嫦娥离寒宫，
吴刚美酒传。

　　　　　　2003 年中秋节晚

中秋赠言

肺腑话儿难说完，
中秋夜晚亦有言。
阖家团圆虽奢望，
异地赏月照样圆。

2003 年中秋夜赠外甥

陶然亭会

绿竹幽幽入暮时，
松风凉意拂秋衣。
良机难得剖心素，
陶然言志上云霓。

2003 年 10 月 5 日

陶然亭忆

满湖烟水泛微光，
碧云望断空惆怅。
长忆相逢陶然亭，
倾心相吐心舒畅。

2003 年 11 月 5 日

西山秋

绿山碧水分外娇，
奇花异草各争俏。
绿颜香浓游客醉，
月季花时人如潮。

2003 年 11 月于北京西山

闹元宵

万家灯火闹元宵，
花到三春色更娇。
游客无不齐声赞，
波间映出蓬莱岛。

2004 年正月

赠老伴

情人节时思情人，
爱河常流似海深。
牛郎织女又相会，
献支玫瑰表寸心。

2004 年 2 月 14 日情人节时作

赠范新忠

范家豪气世代传，
新春花开香满园。
忠于祖国称楷模，
诚恳待人见肝胆。

2004 年 3 月 4 日于北京

劝友人

英年早逝谁不悲，
清明独吊肝胆碎。
劝君莫要伤心哭，
免惊英灵九泉睡。

2004 年清明节

诗赠远方客

诗兴大发何处来，
心花怒放为谁开。
苍天有灵难知晓，
只缘人间真情怀。

2004 年 4 月 26 日

赠特级厨师

龙飞凤舞震天宫，
九工一绝吴刚惊。
紫艳红芳嫦娥醉，
天香佳肴数秀明*。

注：王秀明是河南新乡人，国家特级厨师，厨艺极高，
无偿帮助部队培训三百余名厨师。我去感谢他时，
应邀作诗一首。

赠省劳模

绝代英姿阅历深，
艰苦创业四海闻。
敬业奉献立标杆，
齐鲁企业独此君。

2004 年 5 月 1 日

赠友人

木兰花开喜煞人，
子规啼血情更深。
山清水秀诱人醉，
争得万物迎新春。

2004 年 5 月 1 日

赠文友

扬子江上文载舟，
月光星斗照橘头。
欣悦挚友披金甲，
铁骨铭文千古留。

　　　　2004 年 5 月 3 日
　　在扬子江船上同大作家、老战友谈
话时作。

西山遐想

飒飒竹叶迎清风，
遥遥青山白云中。
彤彤红日映晚霞，
殷殷相思赋深情。

　　　　2004 年 5 月 4 日

莫伤悲

青春卫国显豪气，
演兵场上展英姿。
天上飞来无情剑，
斩断夫妻连理枝。

忍痛割爱明大义，

相互协议各东西。

独自创业更舒畅，

只因问心无悔期。

2004 年 5 月 8 日

注：战友女儿离异，十分伤感。赋诗一首，慰其心田。

自己乐

自古不衰无秘方，

粗茶淡饭习为常。

胸怀豁达无私欲，

勤劳锻炼寿自长。

2004 年 6 月 30 日生日作

紫竹院（一）

竹影筛日光，

荷香度画廊。

鸳鸯穿桥过，

垂柳点池塘。

2004 年 8 月 2 日

紫竹院（二）

月移竹影动，
垂柳撩东风。
荷花香馥郁，
漫步仙境中。

2004 年 8 月 15 日

中秋有感

凌空一轮月，
人间阖家欢；
瑶台月下逢，
桂花香满院。

2004 年中秋于北京住宅

赠刘建伟

刘家从医真，
推拿除疾根。
伟业小事起，
祝君为人民。

2004 年 8 月 15 日

注：2004 年 8 月，我率总后机关的同志到青藏线视察
工作，由于长途劳顿，腰部偶觉不适。刘源副政
委请武警战士刘建伟推拿两次，效果甚佳。赋诗
一首，以表感谢。

观月遐想

玉兔盘山跑得欢，
耳朵修长披两边。
双目炯炯传真情，
俯首吃草尾朝天。

2004 年中秋节

荷花满塘

荷花塘边百鸟鸣，
杨柳拂水波难平。
小舟一叶穿际过，
并蒂莲开情更浓。

2004 年 10 月 3 日于南戴河

宽沟春晚

傍晚宽沟春意浓，
天高云淡伴星空。
漫步幽径论今古，
惹得竹林百鸟惊。

2005 年 3 月 11 日

登凤凰岭

山前花开春风暖，
山后寒冷白冰坚。
两重天地一山隔，
游客到此睹奇观。

2005 年 3 月 19 日

怀柔水美

怀柔水库春意浓，
浪潮翻涌花紫红。
游客到此乐无极，
老叟变成小顽童。

2005 年 3 月 20 日

题《青山图》

雨过泉溪环青山，
濛濛万物笑开颜。
何人能识丹青图，
独立寒秋享泰然。

2005 年 9 月 22 日

砚台赞

表似柔肌里如刚，
诗书画中乘墨汤。
文化复兴功臣在，
只为人间留清香。

施恩诗

听话会听话，
不会是傻瓜。
施恩不得当，
亲人成冤家。

插秧诗

手握青秧种福田，
俯首便见水中天。
通晓舍得方为道，
后退原来是向前。

文房四宝藏头诗

纸凝千史传华章，
墨海翻滚飘清香。
笔落雄风书画奇，
砚研和濡铸辉煌。

后　记*

　　中国的诗歌，源起于远古先民的日常生产实践活动之中。说到底，最早的诗人，就是那些普通的劳动者。到了后来，随着社会的不断发展进步，这一最为大众化的文化娱乐方式，反而成为士大夫阶层和文人墨客附庸风雅的专利。一般人之于诗，则是遥不可及的高深学问。

　　就我自身而言，由于很早就入伍来到了军营，部队繁重的工作任务，虽然时常使我无暇旁顾，但是，我喜欢诗。我喜欢"诗经"的高古。每当读到"昔我往矣，杨柳依依。今我来思，雨雪霏霏"这样优美的句子时，内心总会萌生出一种凄楚的苍凉感。在那个春光明媚的日子里，将士们怀着为国戍边的豪情壮志，热血沸腾地奔赴杀敌战场。可是，边关战事平定后，将士们返乡的路途，走得却是那样的艰辛和漫长。由于"季节"的"雨雪霏霏"，不仅体味不到凯旋的喜悦，久别重逢的渴望，大家此刻的心情却是荒凉的、无奈的，甚而是悲苦的。深刻地反映了当时社会的现实矛盾。我喜欢"楚辞"的深诲生涩。从爱国主义浪漫诗人屈原的《九歌》、《天问》里，我仿佛看到了一个尤国尤民的志士，时而仰天怅惘，时而低头沉吟，时而又踟蹰孤独地行进在漫长无尽的路上。同样，我也喜欢唐诗的浪漫激情以及宋词的婉约奔放。正是由于这样的原因，我把不少业余时间，都花在了阅读古体诗词上面。常言道："学会'唐诗三百首'，不会写诗也会吟。"久而久之，也就自然而然地写起诗来。所以，严格地说，我在对博大精深的诗词格律理论知识方面的研究上相对较为不够而且还是非常肤浅的。

诗歌既是形象思维的艺术，又是作者借以宣泄自我，抒发胸臆，寄托理想情志的一种文体形式。所以，在经验的层面上，有人说批评出政治家，悲愤出诗人。我写诗主要原因，是基于爱。基于对传统文化的热爱，基于对传统文化的热爱，基于对祖国壮丽山河的爱，基于对党的爱，特别是基于对部队官兵的爱。用小平同志的话讲："我是中国人民的儿子，我深深地爱着自己的祖国和人民。"这些年来，我每每被国家飞速发展的大好形势所感动，被部队建设事业中所取得的巨大成就所感动，特别是被生活战斗在艰苦的基层连队、边疆哨所、高原戈壁官兵的无私奉献精神所感动。正是这些美好的事物，可爱的战士，给我的诗词创作，提供了无尽不竭的思想源泉。

再则说来，诗词艺术不仅是我们传统文化的一个重要组成部分，而且也是老一代无产阶级革命家的优良传统。革命战争年代，毛泽东主席、朱德总司令、陈毅元帅等都写下了大量脍炙人口的绚丽诗篇，成为鼓舞斗志，振奋精神的强大的思想武器。某种意义上认识，在科技迅猛发展的二十一世纪，优秀传统文化，不仅没有丧失其自身宝贵的功能和价值，而且对现代文明的倡导，尤其是对丰富军营文化生活、激励官兵的战斗意志，依然起着积极的作用。

　　审完最后一页书稿，写下上面这些文字，已经是午夜时分了。需要在这里进一步加以强调的是，对于诗，我只是一名业余爱好者，并没有专门的修养。写诗也从未曾想过发表。真的没有想到，在众多朋友的反复敦促下，我鼓足勇气，忐忑不安地抛出的三百首拙诗，会引起诗词界这么多老领导、老前辈、老专家的重视青睐，会受到国内这么多著名书法家的鼎力支持。尤其让我感动的是，中国诗词学会主席，八十多岁高龄的孙轶青先生，在病榻上赋诗并书写祝贺。中国书法家协会顾问、著名书法家欧阳中石先生，中国书法家协会主席沈鹏先生，顾问李铎先生等大家名流，都分别拿出了自己最满意的作品。老首长刘华清、张震、张万年还先后写下了珍贵的勉励题词。老首长迟浩田同志，不仅专门为诗集题了词，而且还撰写了热情洋溢的序言。在感谢这么多老领导、老前辈、老专家亲切关怀、帮助支持的同时，尤其要对参加本书编辑工作的同志，以及负责美术设计、出版发行和新闻界的所有同志付出的辛劳，表示真挚的谢忱！

　　由于本人水平的局限，加之时间仓促，书中难免出现这样那样的疏漏和舛误，诚望大方之家，不吝批评指教！

张文台

二〇〇五年四月于北京

*此为人民文学出版社 2005 年出版的《张文台将军诗三百首》一书
　的后记。

病中抒怀

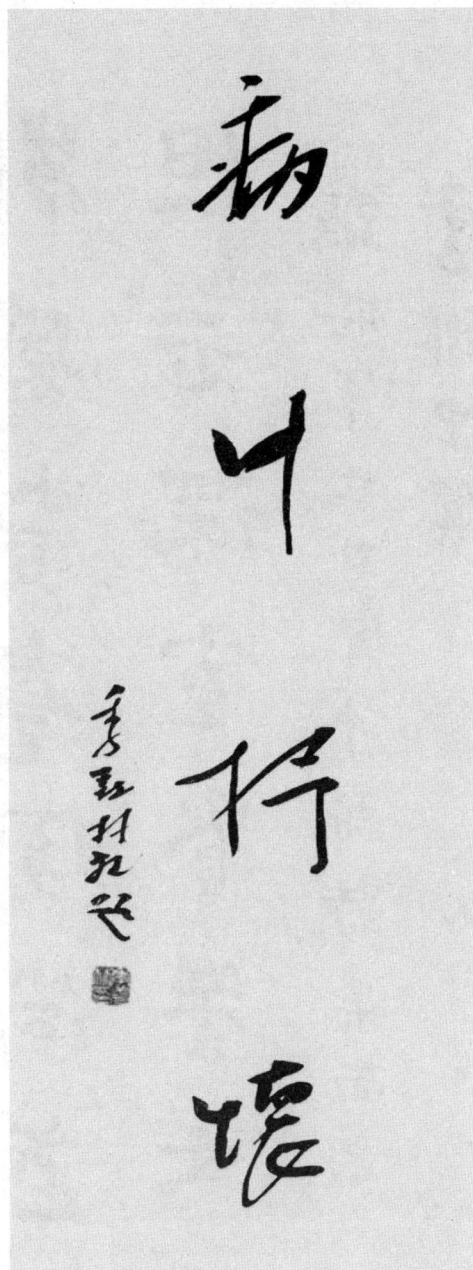

2007 年，北京大学终身教授、著名国学大师季羡林先生
为人民文学出版社出版张文台将军《病中抒怀》时题写书名

非感誾臺閣尚き
但云深室饗堂文

遙將軍文台賢仲新辭集面去
書聯申賀

一流靄
蓬室文懷沙

2007 年，新中国楚辞研究第一人、世界汉诗协会终身
会长、著名国学大师文怀沙为《病中抒怀》出版时题词

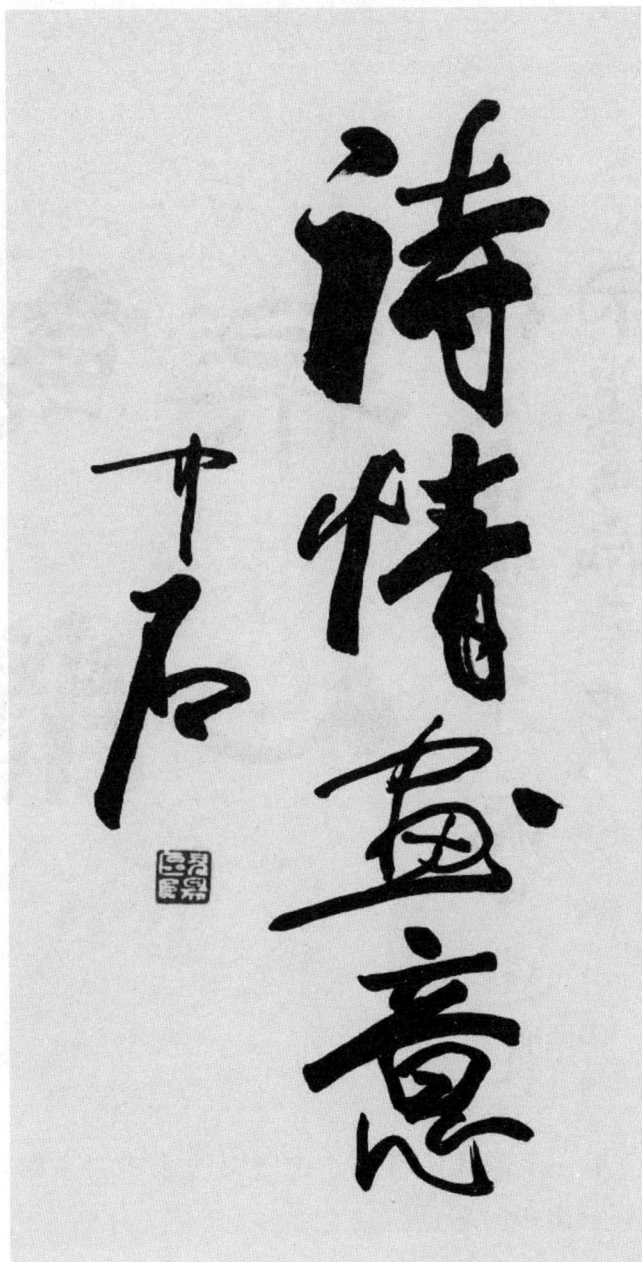

诗情画意
中石

2007年，中央文史馆馆员，全国政协委员，首都师范大学教授、博士生导师，著名书法家欧阳中石为《病中抒怀》出版时题词

魄膽琴心

張文合同重，病中述怀
丙午冬書志贺
一二亥年仲夏張海

2007年，全国政协常委、中国书法家协会主席张海为
《病中抒怀》出版时题词

自　序*

　　余自幼家境贫寒，崇文尚武。少年从戎，从上士到上将五十年矣。苦劳筋骨，砥砺心志。戎马倥偬，阅尽沧桑。以诗言之，录之在册。或为《来自实践的领导艺术》；或为《诗词三百首》；或为《聊天心语》。有《漫谈先秦》说历史；有《未来战略》看未来。东南西北忧思不忘，古往今来时聚笔端。

　　丙戌仲月，余被推荐为中华儒商国际论坛主席，赴曲阜孔子故里参加年会，意外车祸。骨折筋错，内脏受损。痛之肺腑，苦不堪言。手术达数小时之久，钢架植入体内。病榻之上，疼痛交加，心憔难忍，如船失舵。虽有岳飞《满江红》之吟颂，亦无以排除胸中之失落。于是乎，颂唐宋诸子之绝句，写汹涌澎湃之心迹。挥笔就章，成就此书。

　　余平生无骄奢之欲，唯读书而无他。军旅生涯，以家国安危为己任。守海岛兮追风听涛，观日出兮驰骋疆场。志存高远，餐风露宿以为甘，研墨填词，松柏云水入文章。余虽非文人墨客，或诗或文亦难免粗糙，然情真意切，不敢丝毫懈怠。不求立功立德，若立言于后世，或精神一缕，或思想一叶，足矣。

　　余自诗自书而成此书，语虽无雷霆万钧之势，且词藻亦少华丽。触景生情，有感而发，寸心之得，一孔之见，心录而已。韵律或可商榷，真情不容置疑。"真""实"其表，而"仁""义"其中。"苟利国家生死以，岂因祸福避趋之"！有正骨方有义气、有真谛、有实话耳。余虽不及韦应物"海上风月至，逍遥池阁凉"之境界，实仰文山君之"天地有正气……于人曰浩然"之气概，亦慕柳宗元"闲持贝叶书，步出东斋读"之逸情雅致。余以为，无论为政为军为文，皆以正为魂。万事万物，唯正为高。天正以包宇宙，山正以立苍穹，人正以雄百世。正字以下，先贤相望，史不绝书。余为后生，见贤思齐，唯忧不及。

　　愿以此集，以诗会友。倘博君一笑，吾愿足矣。

　　是为序。

　　　　　　　　　　　　　　　　　二〇〇七年五月于青岛

* 此为人民文学出版社 2008 年出版的《病中抒怀》一书的序言。

病中遐思

　　意外车祸，手术后，住 301 医院。近两个月时间，既有伤病的痛苦，也有领导关怀的感动；既有情绪的急躁不安，也有医护人员体贴的欣慰；既有病床上的孤独凄凉，也有亲朋好友关心的温暖。对此，感触颇多，故成诗记之。

——题　记

自逞强

术后三日欲起床，
骨肉撕裂痛脱疆。
医护人员多慰勉，
荡平创伤需自强。

2006 年 9 月 30 日
于 301 医院第十病区 17 病房（下同）

泰山祈

高香明烛朝天烧，
还愿王母独祈祷。
赤诚之心撼东岳，
太宇昱至百病凋。

2006 年 10 月 3 日
为答谢泰山道长关心而作

中秋节（一）

明月皎洁挂窗前，
咫尺犹隔万重山。
伤痛袭扰心憔悴，
梦会玉兔月宫寒。

2006 年 10 月 5 日中秋

中秋节（二）

中秋子夜寥苍穹，
辗转反侧寝难宁。
借得皓月问嫦娥，
可舞虹袖桑梓情。

2006 年 10 月 7 日中秋

莫心烦

大风歌乐恙羁绊，
纵古论今话江山。
休夸刮骨疗毒事，
从容以对吾亦然。

2006 年 10 月 9 日

炼意志

天降祸事炼我志，
豪气抒怀吟拙诗。
汗漫神游化境中，
腹有史书方充实。

2006 年 10 月 10 日

医护情

神医妙手可回春，
天使呵护更精心。
同心协力抚伤痛，
不是亲人胜亲人。

2006 年 10 月 14 日

领导情

领导关怀暖心间，
初冬病房艳阳天。
嘘寒问暖祝康复，
意深情重胜金丹。

2006 年 10 月 16 日

夜感怀

伤痛神疲难入眠，
寂寞披衣到窗前。
创伤隐痛心憔悴，
宛如深冬三九天。

2006 年 10 月 17 日夜

迎百花

病笃偶得心静闲，
梦令浮云来去间。
目送飞雪远归去，
敞怀欣然迎春天。

2006 年 10 月 18 日

夜静思

伤痛心楚酸，
寒夜灯不眠。
仰首悲切月，
沙场摧令箭。

2006 年 10 月 24 日

梦中吟

夜半人静梦中游，
寂寞披衣叹春秋。
西天残月寒光在，
独忍伤痛锁眉头。

2006 年 10 月 26 日

梦中游

夜深心寂寞，
披衣床头坐。
残月难如意，
伤痛泪自落。

2006 年 10 月 27 日

夜深沉

皓月寥静难入眠，
掌灯披衣困窗前。
伤痛难忍风滞后，
独观流星落九天。

2006 年 10 月 28 日

菊花记（一）

秋风梳月光，
菊花分外香。
严寒风煞骨，
独自傲风霜。

2006 年 10 月 29 日

菊花记（二）

九九又重阳，
遍地黄花香。
霜打无所惧，
百花皆称王。

2006 年 10 月 30 日

劝后生

年少不解父母心，
而今行孝空自跪。
泪水浸风纸钱飘，
一腔硬咽启后人。

2006 年 10 月 31 日

劝君歌

人生百年不足奇，
树下弄琴月光棋。
饮食有节戒烟酒，
加强修养莫生气。

2006 年 11 月 3 日

康复歌（一）

配合医疗神不慌，
不乱吃药是秘方。
适当营养少不了，
科学锻炼助安康。

2006 年 11 月 1 日

康复歌（二）

西医治疗中医调，
膳食搭配是正道。
开窗纳入天地气，
适度运动要记牢。

2006 年 11 月 4 日

康复歌（三）

年少不知耄耋衰，
英年不慎晚年瘵。
珍重身心早发时，
终生受益天宠赉。

2006 年 11 月 5 日

康复歌（四）

偶尔负重伤，
干群齐看望。
虽在严冬中，
情暖复安康。

2006 年 11 月 6 日

康复歌（五）

一日三餐送病房，
营养搭配是良方。
科学烹饪色味美，
少许运动益健康。

2006 年 11 月 7 日

康复歌（六）

无病岂能乱用药，
粗茶淡饭营养好。
自我调理少烦忧，
精神健康最重要。

2006 年 11 月 8 日

康复歌（七）

脑子常用老来灵，

手脚运动血脉通。

肠胃饥饱要适度，

保持乐观好心情。

2006 年 11 月 9 日

康复歌（八）

人生自古多蹉跎，

神志融通自檀越。

常念草根多益事，

更叹时人寄华佗。

2006 年 11 月 10 日

康复歌（九）

乱用药物害处多，

自我抗体易滑坡。

若是长期不清醒，

病来神仙无奈何。

2006 年 11 月 11 日

康复歌 （十）

适度用脑思维灵，
经常运动手脚轻。
控制饮食莫肥胖，
情绪乐观心自平。

2006 年 11 月 12 日

康复歌 （十一）

治病不能单靠药，
七分调养三分疗。
改善饮食要对症，
起居有常不可少。

2006 年 11 月 14 日

康复歌 （十二）

控制吃喝胃肠轻，
清心寡欲气自平。
看书学习勤动脑，
适度运动防百病。

2006 年 11 月 15 日

康复歌（十三）

慢性疾病莫悲观，
医生调理病自安。
中西两药各神妙，
并存分用勿瞎掺。

2006 年 11 月 16 日

康复歌（十四）

始皇难觅不老方，
粗茶淡饭胜参汤。
胸怀豁达无私欲，
科学锻炼寿限长。

2006 年 11 月 17 日

康复歌（十五）

善于动脑学习忙，
读书写字作文章。
合理饮食胜补药，
坚持运动保健康。

2006 年 11 月 19 日

康复歌（十六）

天下没有不治病，
唯独庸医害性命。
要想早日得康复，
正规渠道看郎中。

　　　　　　2006 年 11 月 20 日

康复歌（十七）

七分调养卫气升，
三分治疗药对症。
科学饮食营养好，
适度运动筋骨松。

　　　　　　2006 年 11 月 22 日

康复歌（十八）

千川万流汇琼汁，
热气腾空弥怪石。
舒筋活血利健康，
疑是进入王母池。

　　　　　　2006 年 11 月 23 日

庭院休养

　　居庭院虽有时日，皆因工作繁忙，实为路客。此次病休家养，起居作息，别有秩序，莫非这就是家计？在居家的日子里，散步赏景，读书看报，挥毫练字，与过去的感觉实有不同。老庭院，老花木，老环境，有许多新的感觉。写作的冲动，有感而发，记录下来，便成此诗。

——题　记

月光曲

晨观门前竹影动，
午听窗外百鸟鸣。
晚披彩霞沐斜阳，
夜伴明月照床东。

2006 年 11 月 30 日
于庭院书斋（下同）

别样情

青松翠柏伴百花，
莺飞蝶舞竞艳姹。
只因倾心赏院景，
不知人涌客满家。

2006 年 12 月 3 日

四君子

松迎飞雪更挺拔，
梅花飘香入万家。
竹遇严寒滴翠绿，
菊傲秋霜遍地花。

2006 年 12 月 7 日

无花果

历经沧桑几十年，
根深叶茂遮半天。
花儿不敏呈硕果，
执著香甜留人间。
2006 年 12 月 9 日

　回忆起自己和官兵们一同栽的无花
果有感

翠竹颂（一）

门前翠竹亲手栽，
四季常青涤尘埃。
虚怀若谷真君子，
微风长舞迎客来。
2006 年 12 月 10 日

翠竹颂（二）

庭院翠竹凌云天，
青枝绿叶托霜寒。
虚心守节风骨硬，
留得美名满人间。
2006 年 12 月 23 日

翠竹颂（三）

雪映长夜庭院寒，
月移竹影到窗前。
流星当空西落去，
竹隐雀影霞满天。

2006 年 12 月 25 日

梅花吟（一）

叶落枝枯无人赏，
孰知令旗催蹄忙。
待到来日雪满天，
自有傲骨度昕昉。

2006 年 12 月 27 日

梅花吟（二）

窗前兀耸一株梅，
花开千朵无叶陪。
心怀垂怜正感伤，
顷闻瓣间滚春雷。

2006 年 12 月 28 日

叹奇观

日月同辉映天空，
叶落乌啼夕阳红。
书斋静坐观景色，
乍觉秋尽入隆冬。

　　　　2006 年 12 月 29 日（农历十一月
初十）正好东边半月西边残阳有感而发

玫瑰花

一花深浅两色红，
各自风流胭脂浓。
枝叶带刺有何妨，
情人沉醉芬芳中。

　　　　2007 年 2 月 14 日情人节

咏大年

双星抱月展奇观，
喜雀登枝春意欢。
忽闻远方爆竹响，
张灯结彩迎大年。

　　　　2007 年 2 月 15 日（农历腊月二
十七）早上六时许，到大院散步看
到此景，有感而赋。

水仙花

花开飘清香，
嫩叶披绿装。
水中称仙子，
令春登高堂。

　　　2007 年 2 月 18 日春节

松傲雪

日落西山月半弓，
苍枝翠叶斗严冬。
虽无梅花放清香。
顶风傲雪数青松。

　　　2007 年 2 月 23 日
　　观日落即诗一首

感知春

清风明月澈心怀，
雪打梅香扑面来，
万物待发催春早，
大病初愈心悠哉。

　　　2007 年 2 月 29 日

话春分

久旱逢喜雨，
庭院竹破土。
万物待峥嵘，
百鸟欻高蠹。

　　2007 年 3 月 2 日
近百天无雨雪，喜逢春雨，由衷高
兴，赋此诗。

元宵节

正月十五雪打灯，
火树银花月色朦。
春潮涌动大地间，
金猪拱门五谷丰。

　　2007 年 3 月 3 日至 4 日
喜逢春雨近二天，正值农历正月十
五日，久旱逢春雨，随即赋此诗。

春潮来

冰雪化雨融百川，
枯草披绿花烂漫。
阳光明媚燕归来，
万物峥嵘天地间。

　　　　　　2007 年 3 月 5 日

海棠花

大地复苏迎艳阳，
花开似火溢清香。
冰肌玉骨比高洁，
人间正道渡沧桑。

　　　　　　2007 年 3 月 8 日

石榴树

八月石榴格外红，
枝间硕子独峥嵘。
遥想远古先贤事，
曾借此物尽孝忠。

　　　　　　2007 年 3 月 15 日

月季花

悄然无声竞自开，

翠叶绿枝曳玉钗。

天性自我隐个性，

张扬娇艳无粉黛。

2007 年 3 月 22 日

春满园

杏花盛开飘清香，

玉兰含苞羞待放。

丁香吐绿百枝头，

争春斗艳数海棠。

2007 年 3 月 23 日
散步小院有感而作

迎春花

枝条细柔融冰霜，

春信齐眉小溪淌。

万物讯令别家室，

抖起花翔筛春光。

2007 年 3 月 24 日

吟杏梅

杏梅满园栽，

早春凌寒开。

花落随风舞，

疑是雪飞来。

2007 年 3 月 30 日

玉兰花

白里透红少女腮，

含苞待放香欲来。

花好何需绿叶配，

独领风骚向阳开。

2007 年 4 月 2 日

观小院玉兰花有感而作

荷花品（一）

根在深处扎，

绿叶嵌光华。

任凭鱼蛙扰，

花开碧无瑕。

2007 年 4 月 3 日

荷花品（二）

硕叶浮绿水，

莲蓬呈秋韵。

花蕊缘何净，

只因无染心。

2007 年 4 月 5 日

牵牛花

素心质朴无虚华，

置身原野绕篱笆。

花瓣片片思织女，

乡村处处牛郎家。

2007 年 4 月 6 日

樱桃花

根扎峭壁微悲催，

花开枝头招春归。

生来不识罗帷幔，

胄子纷繁吾兀馨。

2007 年 4 月 7 日

丁香花

顶风迎霜抽枝芽，

细叶嫩蕾并无华。

待到百花盛开时，

芳香四溢入我家。

2007 年 4 月 8 日

牡丹花

旭日看花蝶飞舞，

清香扑面骨肉酥。

国色天香独称魁，

信步情思入画图。

2007 年 4 月 10 日

梧桐树

梧桐逢春发新芽，

初夏时节又扬花。

喜鹊登高来报信，

风飘书房香到家。

2007 年 4 月 11 日

小夜曲

三尺书斋夜安静，
月落窗前更温情。
满腹荡漾心澎湃，
思绪脱缰任驰骋。

汉武大帝战漠北，
成吉思汗识弯弓。
成败本来无定论，
人民才是主人翁。

2007 年 4 月 12 日

院赏花

庭院花木亲手栽，
雪梅未谢玉兰开。
牡丹芍药争斗艳，
月季香飘满院来。

2007 年 4 月 13 日

怡然情

春看百花秋望月，
夏有凉风冬赏雪。
心不藏私是正道，
莫负人生好时节。

2007 年 4 月 15 日

蜜蜂颂

展翅飞翔满山川，
酿蜜采花舞蹁跹。
一生如昙尽辛劳，
留下香甜满人间。

2007 年 4 月 16 日

梦中拾遗

负伤后，作息时间不再像以前那样紧张有序，或许是失去规律的缘故，梦便多了起来。以往的许多事情，重新浮现脑海，醒后忆作诗文记之。

——题　记

清风阁

晨观翠竹风起波，
午听百鸟喜唱歌。
晚披彩霞沐斜阳，
夜伴玉兔入楼阁。

2006 年 12 月 8 日

告老友

维多利亚港湾明，
海上明珠月生情。
留连忘返何时止，
天崖何处无亲朋。

2006 年 12 月 22 日
老朋友在香港发信息问候作诗以对

病中忆

生来本命苦，
磨难炼筋骨。
戎马五十载，
丹心照征途。

2006 年 12 月 23 日

情谊重

男儿有情女有心，
不怕山高水又深；
悬崖定有登攀路，
河宽引得摆渡人。

2006 年 12 月 24 日
看爱情古戏有感

咏寒宫

苦乐广寒宫，
袖舞月下风。
昨日仙界女，
今朝梦中情。

2006 年 12 月 25 日
看爱情古戏有感

修德行

老骥伏枥追夕阳，
志在千里斗风霜。
是非得失且莫议，
眺望远门无惆怅。

2006 年 12 月 26 日

寄壮志

戎马五十载，
风掠须发白。
挥戈后人续，
作诗抒胸怀。

2006 年 12 月 27 日

赠友人

碧海皓月不夜天，
车水马龙仙境间。
莫恋香江东逝水，
大海扬波送君还。

2006 年 12 月 28 日

忆童年

儿提穷乏多思异，
道路坎坷何足奇。
到老童心不思改，
遇事追根问到底。

2006 年 12 月 29 日

送挚友

大海扬波莫依恋，
别情尽在挥手间。
寄语香江常牵挂，
翘首屈指盼君还。

2006 年 12 月 30 日

莫为己

人生短暂如过隙，
求知问道莫为己。
生年多谋九江源，
留得清溪润大地。

2007 年 1 月 6 日

相思泪

举首泪满襟，
相思苦命人。
容颜虽易老，
砺剑难断魂。

2007 年 1 月 15 日

看古戏有感

梦梅竹

梅竹性情一厢间，
梦游书房探情缘。
伤痛隐隐难入寝，
诚邀二君来床前。

2007 年 3 月 5 日深夜

山乡夜

高山湍流淌，
明月撒银光。
白云擦肩过，
风吹松涛响。

2007 年 3 月 7 日夜

大佛寺

春风唤醒植物园，
红花绿叶呈烂漫。
古树参天历沧桑，
卧佛梦游逾千年。

2007 年 3 月 8 日

忆童年

追忆童年多伤悲，
幸有壮年战旗挥。
历经风霜人脱骨，
老树新枝洒春晖。

2007 年 3 月 9 日

青岛啤酒

青岛啤酒天下昉，
春夏秋冬四季香。
纵情举杯邀四海，
天下朋友聚故乡。

2007 年 3 月 10 日

故乡情

崂山巍峨染葱茏，
波涛上下藏障屏。
山里山外一家人，
更有殷殷故乡情。

2007 年 3 月 11 日

随思录

人行影随舟自横，
海上明月引潮涌。
冷眼春秋看世界，
云起鸥飞日东升。

2007 年 3 月 12 日

梦齐鲁

惯看秋水海上月，
飞燕报春崂山雪。
梦回齐鲁树常绿，
折枝翘首望东岳。

2007 年 3 月 13 日

游衡山

翠竹环抱千年松，
细雨笼罩衡山峰。
香火缭绕求神佑，
万众诚心祈太平。

2007 年 3 月 18 日

漓江夜

两江四湖水相通，
拱桥隆情披霓虹。
今日夜游漓江水，
神心随月入水中。

2007 年 3 月 20 日

避暑山庄

青山翠柏群山抱，
烟波荡漾碧水绕。
寺院钟声韵远去，
木鱼声摧烟缭绕。

2007 年 3 月 25 日

樱桃沟

春意染燕京，
花开遍山红。
垂柳随风舞，
流水落长空。

2007 年 4 月 1 日

钓鱼台

争艳斗芳百花开，
杨柳飞絮碧空来。
青松挺拔滴翠绿，
金鱼满塘游自在。

2007 年 4 月 2 日

赠诗友

高风亮节豪气扬，
文采横溢写华章。
人生有此一益友，
胜过孙公得周郎。

2007 年 4 月 4 日答诗友

游石林

冲天石柱破云端，
千年传说无怠倦。
碧水松柏有远谋，
书写神州好河山。

2007 年 4 月 5 日

颂诸葛

三顾茅庐卧龙山，
惊涛拍岸藏心间。
鸿图大略隆中对，
三国鼎立史称贤。

2007 年 4 月 6 日

龙山行

翠竹摇微风，
白云龙山行。
惊鸟林中起，
知了彻夜鸣。

2007 年 4 月 7 日

喀纳斯湖

碧波荡漾雪山环，
劲松彩虹连云天。
翠绿湛蓝分两界，
三湾九曲望无边。

2007 年 4 月 8 日

七夕节

织女独守天宫寒，
垂恋人道降凡间。
玉皇不懂人间事，
喜雀搭桥续姻缘。

　　　　　2007 年 4 月 9 日

第一湾

千川汇流凤凰山，
秀峰白云一线天。
石鼓名镇红军渡，
万里长江第一湾。

　　　　　2007 年 4 月 10 日

香格里拉

香格里拉信天游，
蓝天白云掠山头。
雪山环抱风景美，
世外桃园传全球。

　　　　　2007 年 4 月 11 日

琅琊台

沙场征战逾千年，
文功武略火石嵌；
英雄豪杰随风去，
琅琊刻石落民间。

2007 年 4 月 12 日

骆驼颂

世上唯尔占双峰，
沙漠之舟传美名。
任劳任怨效事主，
造福人类献忠诚。

2007 年 4 月 13 日

忆长岛

军民团结鱼水情，
战风斗浪数英雄。
梦魂时绕海防月，
此心常念列岛营。

2007 年 4 月 14 日

虎跳峡

金沙惊涛震地动，
猛虎跳峡生雄风。
玉龙雪山横空出，
巧渡天险出奇兵。

2007 年 4 月 15 日

颂比干

宁肯直谏剖心死，
不堪忍伴昏君生。
历代忠臣称楷模，
英烈豪气贯长虹。

2007 年 4 月 16 日

三江源

唐古拉山白雪皑，
三江源头由此来。
滋润华夏好儿女，
育出扛鼎新人才。

2007 年 4 月 17 日

乃龙山

白云缭绕乃龙山，
细雨朦胧飘经幡。
冰川溪水飞流下，
喜逢彩虹霞满天。

2007 年 4 月 18 日

海螺沟

古木丛深冠托天，
冰川瀑布挂其间。
温泉沐浴鸟啼翠，
委身一隅两重天。

2007 年 4 月 19 日

长城颂

群山起伏千顷波，
长城万里势巍峨。
风吹狼烟战犹酣，
世界奇观壮山河。

2007 年 4 月 20 日

四乐歌

幸运之乐报党情，
知足常乐心里平。
助人为乐不计名，
自寻其乐益终生。
　　　　　2007 年 4 月 20 日

学史怀古

  在家休养四月有余，总不能无所是事，与朋友、亲属及工作人员在一起，时而写诗作对，时而练字论书，时而看历史长剧，时而说古道今，把它记录整理，便形成诗歌些许。但它不是对历史的评判，也不是对人物的立传，而是有感而发的情感记载。

——题　记

交益友

富贵结党贪虚荣，
有权庭院坐高朋。
岂知风云多变幻，
患难之交最忠诚。

2006 年 12 月 9 日

奴尔哈赤

南征北战任驰骋，
智勇双全建奇功。
出师未捷身先亡，
留作后人空悲痛。

2006 年 12 月 27 日

汉武大帝

两军干戈，
斜阳喋血。
胜的悲壮，
败亦惨烈。

2006 年 12 月 28 日

成吉思汗

战马弩箭如闪电，
铁蹄踏遍万重山。
艰苦卓绝何所惧，
拓疆扩土称大汗。

2006 年 12 月 30 日

康乾王朝（一）

人生道路实坎坷，
宫廷斗争风云多。
荣辱是非难分辩，
历史教训记心窝。

2007 年 1 月 11 日

康乾王朝（二）

疆场战马驰骋，
宫廷刀光剑影。
千秋大业垂史，
健儿热血铸成。

2007 年 1 月 12 日

康乾王朝（三）

昌盛历经百战难，
繁华终是鲜血染。
拒腐防变守基业，
自古治世民为天。

2007 年 1 月 13 日

康乾王朝（四）

四海经典胸中揣，
文治武备展雄才。
百年繁荣如一梦，
留作后人话兴衰。

2007 年 1 月 14 日

秦始皇（一）

自古英雄论成败，
而今谁能弄明白。
奸臣横行千夫指，
明君骂名滚滚来。

2007 年 1 月 16 日

秦始皇（二）

纵横疆场基业，

铁蹄踏遍山河。

一统神州称雄，

是非锁定功过。

2007 年 1 月 17 日

秦始皇（三）

雄起平四海，

挥剑定成败。

郡县延千古，

基业展伟才。

2007 年 1 月 18 日

看连续剧秦始皇有感而作

秦始皇（四）

九州一统定中国，

是非恩怨后人说。

励精图治国为本，

千秋功业不可驳。

2007 年 1 月 19 日

雍正王朝（一）

历史成败论英雄，
是非功过谁说清。
造福苍生重社稷，
何惧身后留骂名。

2007 年 1 月 20 日

雍正王朝（二）

江山风雨育英雄，
金戈铁马血染红。
励精图治垂青史，
千秋功罪转头空。

2007 年 1 月 21 日

雍正王朝（三）

君临天下民为公，
功过是非自然清。
任凭骚客弄是非，
丰功伟绩难撼动。

2007 年 1 月 22 日

雍正王朝（四）

篡改遗诏无凭证，
内讧竟是亲弟兄。
神佑天子笃人道，
忍辱负重咨苍生。

2007 年 1 月 23 日

话三国（一）

群雄争霸战犹酣，
腥风血雨伴硝烟。
文韬武略显神通，
三国鼎立各一边。

2007 年 1 月 25 日

话三国（二）

三国风云造英雄，
荣辱胜败何足重。
纵横捭阖平天下，
赤胆忠诚古今同。

2007 年 1 月 26 日

话三国（三）

凤雏巧设连环计，
东风助亮扬士气。
周郎更显英雄面，
火烧赤壁胜顽敌。

2007 年 1 月 27 日

话三国（四）

东吴招亲伴剑影，
弄假成真见深情。
周郎使尽美人计，
赔了夫人又折兵。

2007 年 1 月 28 日

评刘备

集思广益用上策，
招贤纳士胸开阔。
南征北战几十载，
三足鼎立建功业。

2007 年 1 月 29 日

三结义

桃园三结义，
肝胆两相惜。
携手建功业，
千秋传豪气。
2007 年 1 月 30 日

悼关公

北风凛冽雪满天，
夜走麦城败的惨。
大义慷慨赴泉台，
忠义气节震九天。
2007 年 2 月 1 日

怜貂婵

汝本苦命人，
生死不由身。
恩爱复荣辱，
终身为孤魂。
2007 年 2 月 2 日

叹孙膑

相见两眼泪满襟，

有爱无缘苦命人。

人生易老心更碎，

砺剑难断相思魂。

　　　　2007 年 2 月 6 日看孙膑有感

笑"攻关"

女色攻关官府歪，

金钱铺路鬼门开。

掌中云雨欺众生，

官商勾结发大财。

　　　　2007 年 2 月 11 日

　　看古戏官商勾结有感

胡雪岩

沧海横流群雄多，

商贾逐利显高拙。

舍财报国成官商，

得失忠奸后人说。

　　　　2007 年 2 月 12 日

宦海吟（一）

官场人心悬利剑，
自古忠奸难分辩。
为民谋利不惜死，
留作忠魂祈青天。

2007 年 2 月 13 日

宦海吟（二）

金杯方共欢，
刀光又相见。
官场无真情，
生灵遭涂炭。

2007 年 2 月 14 日

红楼梦（一）

日夜相思痴依恋，
情深意切梦魂间。
青春易失不再来，
枷锁难破苦姻缘。

2007 年 2 月 15 日

红楼梦（二）

魂牵梦绕寸肠断，

相爱为何却无缘。

容颜随风易失去，

唯有真情最缠绵。

　　　　　2007 年 2 月 16 日

　　看爱情古戏有感

西厢记（一）

皓月当空照西厢，

月移花影如水淌。

夜深庭芳情人会，

丫鬟胜过诸葛亮。

　　　　　2007 年 3 月 16 日

西厢记（二）

无私体贴暖心间，

相爱无缘伤心肝。

无可奈何花落去，

不渝忠心鉴苍天。

　　　　　2007 年 3 月 19 日

朱元璋

布衣挥利剑，
风雨定江山。
慷慨为民死，
敢为天下先。

2007 年 3 月 20 日

赞海瑞

胸中满正气，
民心不可欺。
抛冠斗奸邪，
忠义鬼神泣。

2007 年 3 月 22 日

大明王朝（一）

口蜜腹剑是非颠，
盛衰弹指一挥间。
自古治国民为本，
社稷危难见圣贤。

2007 年 3 月 24 日

大明王朝（二）

刀光剑影舞宫廷，
几人醉卧几人醒。
追名逐利耍权术，
苍生祈盼九天清。

2007 年 3 月 25 日

颂包公

耿直刚烈大清官，
坚持治世民为先。
秉公执法除邪恶，
一身正气千古传。

2007 年 3 月 28 日

劝林冲

自古奸邪毁公理，
善良总被恶人欺。
皇权朝纲遭践踏，
全靠自己救自己。

2007 年 4 月 2 日

好汉谣

奸臣挡道小人狂，
贪官遍地万民殃。
群雄被迫上梁山，
把酒饮露聚义堂。

2007 年 4 月 3 日

孙子兵法

金戈当歌奏强音，
岁月为墨写史林。
奇正用兵藏奥妙，
稳操胜券定乾坤。

2007 年 4 月 8 日清明节
看孙子兵法与三十六计有感而作

将相和

廉颇英勇世无双，
相如为国德高尚。
携手同唱将相和，
团结奋斗美名扬。

2007 年 4 月 9 日
看古戏有感而作

英雄论

成败也难论英雄，
是非功过何必争。
留得丹心功业在，
造福后代利苍生。

2007 年 4 月 11 日

论孙权

孙权称霸龟蛇湖，
血雨腥风染东吴。
劝君莫论封侯事，
九州大统是正途。

2007 年 4 月 12 日

汉画砖（一）

文化真迹本就少，
汉画像砖不得了。
浓缩历史显精华，
一砖半瓦都是宝。

2007 年 5 月 13 日于青岛
参观老部下张新宽的汉画像砖馆有
感而作。

汉画砖（二）

汉砖无语画有意，
诉说沧桑留真迹。
龙凤虎豹栩如生，
文化瑰宝堪称奇。

　　　　2007 年 5 月 20 日于青岛
　　参观老部下张新宽的汉画像砖馆有
感而作。

聊天抒志

　　在家休养期间，前来探望的老首长、老部下、老战友、老同学、老朋友自然就多起来。除了问候、祝福之外，难免谈天说地，道古论今。大家走后，心情难以平静。许多人生感慨顿悟，用诗的形式记录下来，以表达同志间的情谊，并起到互相勉励、鼓舞斗志之作用。

——题　记

挚友赞

财富本来无所谓，
朋友至交最可贵。
金钱失去可重得，
知音丢掉难再回。

2007 年 2 月 12 日

情人节

一花双色别样红，
枝叶带刺成个性。
黄昏路上情人多，
花溪倩影楚韵秋。

2007 年 2 月 14 日情人节

夜读史

朔风劲吹扣寒窗，
月移楼廊竹影香。
年过半百不算老，
夜深挑灯读华章。

2007 年 2 月 20 日

赠病友

胸怀坦荡神自安，

功名利禄不戢贪。

但得心静意悠然，

康复问津桃花源。

　　　　　2007 年 2 月 21 日

赠诗友

燕京春雨藏楚韵，

寒舍四周绿成荫。

得君一首抒情诗，

千里之外宽吾心。

　　　　　2007 年 2 月 23 日

　　赋送老诗友

得糊涂

休日敝人傻又憨，

吾云尔辈如笼鹇。

若去贿赂玩伎俩，

宁可为民不为官。

　　　　　2007 年 2 月 25 日

心自安

忠诚正直为人纲，
阿谀奉承非吾长。
清风两袖守关口，
免得百姓戳脊梁。

　　　　　　2007 年 2 月 26 日

写诗篇

历经沧桑五十年，
呕心沥血踏百川。
如今两鬓多斑白，
丹心依旧续诗篇。

　　　　　　2007 年 2 月 27 日

一日歌

戎马倥偬近古稀，
文山史海常游历。
挥毫泼墨舞龙蛇，
待客会友叙情谊。

　　　　　　2007 年 3 月 1 日

养正气

自古英雄磨难多，
赤诚奉献心自乐。
练就意志养正气，
锻造铁骨壮山河。

2007 年 3 月 2 日

养静气

人生百年几春秋，
莫为名利自寻忧。
喜看门前花开落，
静观长空白云流。

2007 年 3 月 3 日

养豪气

苍天有正气，
民心不可违。
愿留忠骨在，
不做怕死鬼。

2007 年 3 月 4 日
看红军长征故事片有感

养贤气

自古人生如海浪，
有时落来有时涨。
涨时自谦莫骄傲，
落时自然又平常。

2007 年 3 月 5 日

养清气

人生短暂几春秋，
梦中时常为民忧。
功名利禄不充饥，
俯首甘为孺子牛。

2007 年 3 月 7 日

养大气

戎马六旬近古稀，
扣问良心无自欺。
国事家事天下事，
自觉无事不尽力。

枪林弹雨无所惧，
抗洪抢险守大堤。

进退本来就平常，
纵横捭阖鉴心迹。

2007 年 3 月 8 日

养底气

人往高处走，
水向低处流。
私欲任膨胀，
最后摔跟头。

2007 年 3 月 9 日

养人气

历经坎坷惜余生，
饱经沧桑更有情。
人老心少君莫笑，
只缘越活越年轻。

2007 年 3 月 10 日

赠友人

夕阳美如画，
绿草新芽发。
风吹容颜老，
挥毫笔生花。

2007 年 3 月 11 日

表心迹

从军跟党走，
历来无它求；
为民尽天道，
为国平敌寇。

2007 年 3 月 12 日

赠法师

参禅修道不染尘，
淡泊利禄宽为怀。
布衣素食养和气，
修行苍生布衣身。

2007 年 3 月 13 日

祈崛起

百年一梦图昌盛，
栉风沐雨万里程。
志士仁人赴国难，
革命精神后人承。

2007 年 3 月 14 日

悼烈士

英雄事迹泣鬼神，
功德千秋励后人。
鲜花美酒表寸肠，
咏诗作赋颂忠魂。

　　　　　　2007 年 3 月 15 日清明节

立志歌

年少孤苦多罹难，
风雨飘零无帷幔。
朝食左邻一残羹，
暮宿右舍披残棉。

儿时求学步履难，
军旅读书尽发染。
云天意薄常忆起，
夜伴梦里泪湿衫。

　　　　　　2007 年 3 月 17 日

当伯乐

漫漫人生日向西，
甘为后辈作人梯。
长江后浪推前浪，
历史规律谁能移。

2007 年 3 月 18 日

别亦难

人生本来就不易，
聚散离分莫叹息。
有缘同看花前月，
分道亦是两相惜。

2007 年 3 月 20 日

叹光阴

寸金光阴年少恽，
临到醒悟近黄昏。
闻鸡起舞莫蹉跎，
夕阳唤醒又一春。

2007 年 3 月 21 日

唱晚情

谁道夕阳晚，
喜看霞满天。
心怀伏枥志，
足迹遍青山。

2007 年 3 月 22 日

人生曲

困苦磨砺是个宝，
多彩人生离不了。
雪压青松显精神，
霜打红叶方叫好。

岭高攀登人做峰，
俯瞰群峦神出道。
静观云散红日出，
再挽沧海起狂潮。

2007 年 3 月 23 日

走正道

成败得失人生事，
困难面前莫叹息。
春来草绿花又开，
世间成功靠努力。

2007 年 3 月 24 日

普洱茶

三朝皇帝立碑夸，
飘香千古普洱茶。
犹闻古道马蹄响，
盛世扬名知天下。

2007 年 3 月 25 日

劝君听

莫叹人情凋西坳，
宽容体谅是首要。
神仙无及济众生，
人间沧桑是正道。

2007 年 3 月 26 日

赠益友

春夏秋冬聚笔端，
梅兰竹菊汇案前。
行草隶篆自飘逸，
浓墨华彩写河山。

2007 年 3 月 27 日

齐长城

凿山筑墙连海天，
御敌守家祈平安。
琅琊横亘千年事，
松柏耸立话千年。

2007 年 3 月 28 日

战旗颂

血染南昌战旗红，
猛士挥剑舞长空。
漫道峥嵘多壮志，
留得华夏享大同。

2007 年 3 月 29 日

写天地

南昌枪声铸军旗，
起义将士史称奇。
红旗漫卷千山雪，
长城内外春雷激。

2007 年 3 月 30 日

斩妖魔

倭寇入侵抡屠刀，
山河蹂躏鬼狂叫。
华夏儿女挥利剑，
斩妖除魔神州笑。

2007 年 3 月 31 日

展红旗

南昌依稀枪声激，
梦里犹听号角起。
奋起砸碎旧世界，
热血铸就新天地。

神州春来百花丽，
国强民富世称奇。

漫道如铁放眼望，
静观旷野风云起。
2007 年 4 月 1 日

壮志歌

中华民族有骨气，
历经磨难勇自立。
任凭风云多变幻，
神州蔚然千里旗。
2007 年 4 月 2 日

二七颂

惊雷动地响中原，
二七浩气振河山。
血染沃土多壮志，
誓叫日月换新颜。
2007 年 4 月 3 日

故乡月明

　　青岛是我的故乡，能去故里休养，感到格外激动。

　　踏上故乡的土地，亲情犹如海风佛面。一个个熟知的面孔，一声声热切的乡音，感到格外亲切。家乡巨变，令我喜出望外，思绪万千，脑海里不断涌出对家乡的赞美和感慨。

　　山灵水有情，月是故乡明，这是一个游子重游故乡的心声。

——题　记

桂花树

名冠金银不奢华，
春日暖阳发新芽。
浪潮云卷雨带风，
崂山脚下把根扎。

2007 年 4 月 21 日
于青岛军交基地

归乡情

碧海蓝天绕梦间，
依稀儿时在眼前。
岁月不改心依恋，
白云悠悠见浮山。

2007 年 4 月 22 日
于青岛军交基地

石老人

看尽惊涛抚海浪，
望穿秋水度归航。
牵肠挂肚老人心，
风沙雨雪独承当。

2007 年 4 月 23 日
于青岛石老人海滩

仰口隧道

东海蛟龙藏崂山，
逶迤蜿蜒不见天。
疑是闯入水晶宫，
阳光一点如梦间。

　　　　2007 年 4 月 24 日
　于青岛崂山仰口

游仰口

青松托日霞满天，
飞来巨石展奇观。
仰首远望太平宫，
俯瞰黄海扬白帆。

　　　2007 年 4 月 25 日于青岛仰口

宏大酒店

宏伟目标心中装，
雄风大展自立强。
酒香不怕巷子深，
诚至待客美誉扬。

　　　　2007 年 4 月 26 日
　为复员军人蓝立安的宏大酒店而作
　于青岛军交基地。

胶州市庆

建市二十年，
和谐谱新篇。
百姓得实惠，
故乡庆巨变。

2007 年 4 月 27 日

为庆祝胶州市建市 20 周年而作于青
岛军交基地。

栈桥吟（一）

如龙卧波海连天，
遥看碧水挂白帆。
风吹浪打显精神，
渔歌飘扬入梦间。

2007 年 4 月 28 日于青岛栈桥

栈桥吟（二）

自幼生在大海边，
捕虾摸蟹看鱼帆。
念当军旅五十年，
今朝回家心开颜。

2007 年 4 月 29 日作于青岛栈桥

登九水 （一）

伤愈健步上九水，

胜览泉清山谷翠。

触景生情梦儿提，

上山下海日同晖。

2007 年 4 月 30 日于青岛北九水

登九水 （二）

攀登九水艳阳高，

劲松苍石泉水绕。

心喜健步足下云，

聆听天池闻鸟叫。

2007 年 5 月 2 日作于青岛崂山

登崂山

春登崂山望长空，

心旷神怡迎清风。

碧海明月夜色美，

游人到此诗情浓。

2007 年 5 月 3 日于青岛崂山

崂山情

巨石苍松狮子峰，
山道盘旋太平宫。
修禅始得性情净，
读史方知功名空。

天飞横祸裂骨痛，
雪中送炭情意浓。
遇难呈祥得康复，
临风笑看夕阳红。

2007 年 5 月 4 日
作于青岛崂山

重逢泪

昔日达摩渡海梵，
瑞气东来生紫烟。
今朝喜闻君子到，
双唇颤动泪湿衫。

2007 年 5 月 8 日
诸多朋友来看望我有感而作于青岛
军交基地

崂山茶

绿叶翠芽更山装，
道观堂院灵空香；
不知长者何处去，
留得茶缘品沧桑。

2007 年 5 月 9 日
作于青岛北九水

还家乡

朝望旭日晚看霞，
听涛戏水摸蛤蜊。
故乡明月多情意，
喜盼游子又还家。

2007 年 5 月 15 日
于青岛军交基地

注：青岛方言蛤蜊念 gala。

致家兄

少小投戎远离家，
鸿雁传书多牵挂。
犹记儿时逐戏嘻，
今日举杯身结跏。

朝起携手眺帆影，

暮时并足看晚霞。

人生易老天不老，

谈天说地品茗茶。

　　　　　　2007 年 5 月 16 日

　　　　于青岛军交基地

曲家村

奇石结青山，

松竹连海天。

众生起居留，

一群活神仙。

　　　　　　2007 年 5 月 17 日

　　　　于青岛仰口曲家村海滩

登巨峰

夏登鳌崂巨峰巅，

奇石叠加布满山。

苍松翠竹伴茶香，

疑是漫步仙境间。

　　　　　　2007 年 5 月 18 日

　　　　作于青岛崂山巨峰顶

登崂顶

人在崂顶难觅峰，

云起浪卷听涛声。

岁月如歌叹沧桑，

把酒遥看烟雨朦。

2007 年 5 月 19 日作于青岛崂山

上沟村

泉流挂山巅，

古树冒云烟。

来到上沟村，

忘掉桃花园。

2007 年 5 月 20 日

作于胶南上沟村

胶南四景

铁撅悬泉落九天，

胶河澄月金盆圆。

双珠嵌云仙女舞，

灵岛浮翠展奇观。

2007 年 5 月 21 日

作于胶南丰泽园

天柱山

大泽天柱不擎天，
怀揣东汉遗诗篇。
父子同碑刻晋魏，
翰墨飘香天庭寒。

　　　　2007 年 5 月 22 日
　　作于平度天柱山

莱西湖

风吹湖水涛声远，
烟雨拍岸波连天。
云起浪卷叹惊奇，
渔歌暮归望白帆。

　　　　2007 年 5 月 23 日
　　作于青岛莱西湖

喜相逢

情催车轮马催鞍，
急拥战友泪湿衫。
持重深情行军礼，
依稀列队在眼前。

犹记沙场秋点兵，
军歌嘹亮绕梦间。
谁言沧桑岁月稠，
艰难磨砺志更坚。

　　　2007 年 5 月 24 日在平度
　和十几位共同守海岛几十年的老部
　下相聚有感。

忆长岛

夜梦依稀在故园，
又回列岛兄弟连。
朝迎旭日看渔帆，
暮送晚霞望归雁。

风霜雪雨铸忠诚，
春夏秋冬情动天。
山有灵性海为证，
赤诚二字刻心间。

　　　2007 年 5 月 25 日在平度
　与一起守海岛几十年的老部下相聚
　有感而作。

三里河

凤翰列八怪，

胶白众人夸。

龙山大汶口，

灿烂耀中华。

2007 年 5 月 26 日

为胶州三里河文化村而作

注：高凤翰为杨州八怪之一，胶州三里河人，并且在
这里发现了龙山文化和大汶口文化。

海上垂钓

叶舟穿行浪谷间，

垂钓渔歌途难返。

极目鸥影闻灶声，

心令铁骑情扬鞭。

2007 年 5 月 28 日

有朋友邀请海上垂钓而作

樱桃山

色峪樱桃山，
美名四海传。
坚果胜玛瑙，
香甜留人间。

2007 年 5 月 29 日

作于城阳樱桃山

喻儿知

休言天命分贵贱，
贫寒磨砺志更坚。
勤俭读书是正道，
终有赤胆留人间。

2007 年 5 月 30 日作于胶州
看家乡茂腔戏《状元与乞丐》有感

批八字

天干地支数沧桑，
生辰八字却无常。
龙凤本非命中带，
刻苦好逸两般样。

2007 年 5 月 30 日作于胶州
看家乡茂腔戏《状元与乞丐》有感

哀秀英

寒窗十年为名禄，
却忘离娘别妻苦。
求得新欢展笑颜，
谁听风中旧人哭。

　　　　2007 年 5 月 30 日作于胶州
　　看家乡茂腔戏《西京·皮秀英寻夫》
有感

说茂腔

秦汉唐宋策马行，
喜怒哀乐自多情。
寸步飞越万重山，
茂腔一曲说分明。

　　　　2007 年 5 月 30 日作于胶州
　　看家乡茂腔戏有感

赞凤翰

胶州自古多圣贤，
凤翰扬名在江南。
点墨山水写春秋，
泰山风骨藏其间。

　　　　2007 年 5 月 30 日
　　在家乡胶州参观高凤翰艺术纪念馆
有感而作。

称奇葩

百年一支花，
艺海称奇葩。
植根沃土中，
逢春发新芽。

　　　　2007 年 5 月 30 日
　　回胶州为青岛市茂腔剧团题写

赞金凤 *

赞叹茂腔开先河，
曾家自古才子多。
金玉鸾鸣唱春秋，
凤飞蝶舞胜嫦娥。

2007 年 5 月 30 日于青岛胶州

注：曾金凤是青岛市茂腔剧团国家一级演员，从艺 60
多年。我 50 多年前在家乡看过她的演出，这次重
返故乡观她 80 岁上台演出，字正腔圆，丰采依
旧，有感而发赋诗一首。

夸胶白

三里河水闪金光，
胶州白菜放清香。
味道鲜美数第一，
营养丰富四海扬。

2007 年 5 月 30 日
作于青岛胶州艾山

帆都颂（一）

天在海里水在岸，
百年岛城更娇颜。
盛世唤来奥运梦，
帆船之都催新传。

　　　　2007 年 5 月 31 日在青岛
　参观奥帆基地有感而作

帆都颂（二）

浩瀚黄海扬细浪，
风吹崂山夏日晾。
惊叹蛟龙入水来，
却是奥运帆船港。

　　　　2007 年 5 月 31 日在青岛
　参观奥帆基地有感而作

帆都颂（三）

碧水蓝天崂山青，
白云细浪自多情。
借问海鸥五洲事，
岛城帆船天际行。

　　　　2007 年 5 月 31 日在青岛
　参观奥帆基地有感而作

银海赞

奥帆之都始银海，

鬼斧神工巧安排。

名船高手聚圣地，

百舸争流夺金牌。

2007 年 6 月 1 日在青岛

参观银海国际帆船俱乐部有感而作

过黄岛

犹记儿时黄岛荒，

喜看今日新景象。

金沙碧浪楼林立，

汽笛长鸣鸟飞翔。

2007 年 6 月 2 日作于青岛黄岛

大珠山

天降玉珠数奇观，

风吹林动涛声远。

静观海上飞流云，

擎日披霞送渔帆。

2007 年 6 月 3 日

作于青岛胶南大珠山

雾行船

雾锁洋面云连天，
扁舟穿梭波涛间。
海市蜃楼影朦胧，
蓦然家乡在眼前。

　　　　2007 年 6 月 4 日
　　作于青岛军交基地

不一般

海上垂钓随浪颠，
吐完米水吐肝胆。
潮涌船斜心悬空，
然知蓑翁不一般。

　　　　2007 年 6 月 5 日
　　作于青岛军交基地

思乡曲（一）

戎马疆场数十年，
思乡时常望云天。
清风有情传佳信，
月照胶河入梦间。

　　　　2007 年 6 月 6 日
　　作于青岛军交基地

思乡曲（二）

叶落归根本平凡，
重负使然落微叹。
纵横四海家国事，
故乡只好装心间。

　　　　　　2007 年 6 月 7 日
作于青岛军交基地

做良将

读书知华章，
妙笔写沧桑。
劝君多努力，
卫国做良将。

　　　　　　2007 年 6 月 8 日
济南军区青岛读书班的老部下来军
交基地看望有感而作。

赠桂香

列岛相识结良缘，
相夫教子勤奉献。
真情隽刻歌一曲，
风雨相伴到永远。

　　　　2007 年 6 月 9 日
　　作于青岛军交基地

说父爱

养儿防老是佳话，
时光艰辛霜染发。
岁月无语情满怀，
倚窗远眺伴菊花。

　　　　2007 年 6 月 10 日于青岛
　　听家兄张文廷演唱歌曲《父亲》有
　　感而作。

赞培江

朱家自古出泰斗，
培养雄才数风流。
江河湖海任飞跃，
艺德双馨誉九洲。

　　　　2007 年 6 月 11 日于青岛
　　　参观画家朱培江博物馆而赋诗一首。

华严寺

观澜听涛华藏地，
晨钟暮鼓随云起。
功名得失三界外，
祈福苍生写传奇。

　　　　2007 年 6 月 12 日
　　于青岛华严寺

崂山玉

崂山海底玉，
波涛洗翠绿。
雕龙聚祥云，
刻凤鸣生趣。

　　　　2007 年 6 月 13 日
　　于青岛军交基地

青建集团

建设领域敢争先，
能工巧匠赛鲁班。
英姿勃发数杜波，
劈风斩浪开新篇。

2007 年 6 月 14 日
于青岛建设集团

青岛行

群峦绵延水依山，
红瓦绿树偶合间。
欲问当年龙宫事，
独乘舟车融云天。

2007 年 6 月 15 日
于青岛军交基地

狂想曲

青春难留梦羁绊，
岁月如歌云翩跹。
唯有老叟多奇志，
悄然时针逆向转。

2007 年农历六月三十日
生日作于胶州

编　　后*

　　编辑完张文台将军的新诗作《病中抒怀》后，放下秃笔，心情却难以平静下来，掩卷思索，感慨万千。

　　如果我们翻开中国历史上诗人词家传记的话，那么，我们不难发现这样一个事实：凡有巨大文学艺术成就的诗人或词家都与将军有着深厚的渊源。无论是文天祥还是辛弃疾，无论是岳飞还是王佑军，都是豪气冲天的大将军。他们不仅能金弋铁马、驰骋疆场而且还能吟诗作赋，写意丹青。何谓？因为他们都是智勇双全，剑胆琴心。

　　我们古老而伟大的中国是一个诗的国度，如同悠久的文明历史一样，诗歌文化所闪耀的文学之光，都是中华民族智慧之光的重要结晶和光辉体现。古往今来，人们一直认为吟诗作赋几近是文人身份和雅士的表征。其实，中国历史上的儒将也不乏其人。在当代的高级将领中，张文台将军就是比较著名的其中一员。张文台将军从军五十年，在戎马倥偬之中持之以恒地坚持以现实主义与浪漫主义相结合的艺术手法创作的诗词作品，整体上呈现出了一种坚定豪迈，明快平实，通俗朴素，爽朗哲思的独特风格。可以说这种艺术风格既是张文台将军的军旅生涯的历程，思想个性与时代特征的有机统一，又是张文台将军文艺才华的激情宣泄和蓬勃张扬。阅读张文台将军这些流畅如云，气势磅礴，姿情纵横的诗词佳篇，就像一条条溪水江流，在你面前欢快的跳耀着，舞动着，并与她的清新、真实和诚恳，唤起你心灵的共鸣和愉悦。因为，在诗篇中极大的张显了他自由创造的潜能，所凸现的智慧，哲辩既具体而又微妙。既是独一无二的，又是跨越时代的。她的价值不仅寓美的理念于美的感受之中，而且展现美的本真于艺术直观之中。

　　《病中抒怀》是张文台将军继《中国百名书法名家书录张文台诗三百首》之后，人民文学出版社又一次隆重推出的一部以共和国上将的视角直面现实，挑战死亡，战胜病魔，哲学人生的长篇巨著。虽然都是诗词作品，但在人生感悟方面似乎又深了一层。因为，这次是大难不死之后的大彻大悟。真可谓是，不幸中之万幸，不意之中出鸿篇。他的笔端流淌着的是泪，是血，是对生命的珍爱，对生活的憧憬，对康健之人是奉告，对病中之人是警钟。二〇〇六年九月，张文台将军外出作学术报告，不幸遭遇车祸。筋断骨折，内外伤损。他不仅用坚强的意志和强大的精神力量从鬼门关中走了回来，又用将军的乐观主义和革命的浪漫主义情怀挥毫就章，在极度疼痛之中，在百般折磨之中以文天祥的正气，以岳飞的豪情壮志，从心里发出了一个高亢的人生强音。以几乎停滞的九个小时，以三处大手术的千刀刮疗炼出了人生康健之丹。读来无不让人感动万分而泣零。我们不难想象，一个年逾花甲的老人，一个身经砺炼的上将，在病中的痛苦和寂寞，疼痛是撕肝裂肺，精神是荒凉疲惫。若是一般人，若没有坚强的革命意志，也许就此消沉。而张文台就是张文台，一个孤儿，一个在部队中成长起来的军人，他没有倒下，而是坚定地站了起来，挺了起来！而且内心增添了史诗，身体成了钢铁战士！更为难能可贵的是，他不仅在病中对人生的意义多了一层思考和感悟，而且以坚忍不拔的意志，在挥汗如雨之中飞舞龙蛇又把全部诗篇书法了出来。

"人生自古谁无死，留取丹心照汗青"。这是张文台将军人生轨迹的真实写照。人们忘不了他青年时代在隧道中施工时腰被砸伤，抗洪的大堤上他挥汗如雨，在演兵场上率先垂范，在艰苦的海岛上坚守了 24 年，在繁忙的军政事务之中忙里抽闲，染指翰墨。在救灾的战场上他指挥若定，在青藏上他背着氧气袋走遍了高原哨所，将军的泪水和战士的泪水一起流淌。他不仅用身体力行为战士树立了榜样，而且用心用笔真实地记录了革命战士为国为民的勇敢牺牲精神。

编者以为，作为军人，张文台将军达到了最高境界。作为诗人，张文台将军无疑是很成功的。尤其是值得我们赞赏和加以推崇的就是他那字里行间满腔的爱国、爱民、爱军的情怀和对伟大时代精神，人生美好的高度赞美和热情讴歌。正是由于张文台将军寓高度的使命感，强大的责任感以及朴素的思想指导性，才使他的诗作一扫过去诗人词家悠闲自适，超然物外，甚至于颓废沮丧的消极无奈情结。就连坚定的理想信念等思想理论问题和生老病死、功名利禄、自然人际等人生的严峻课题，他都能巧妙地运用古典诗词的艺术形式揭示得深入浅出，诠释得入木传神。所以，许多专家学者评价张文台将军的诗词作品是：高扬主旋律，唱响正气歌，人生大感悟。

在张文台将军的新作《病中抒怀》付梓之即，我们还要特别感谢国学大师季羡林先生亲笔题签书名，文怀沙大师亲笔题词勉励；著名书法家欧阳中石先生，张海先生题词祝贺；人民文学出版社管士光社长特别关照；还有张文台将军亲朋好友李璜、张河川、于群生和家乡的杜波、秦洪秋先生，孙红女士等；老部下及工作人员王学文、陈孝金、陈宝珠、乔新光、刘若初、高思臣、刘学芳、于成、李晓东、于钦亮同志，还有其亲属周宗德、周宗智、高洁、高燕、张杰等，为该书给予的极大支持！

学无止境，艺海无涯。编辑，校阅张文台将军《病中抒怀》的过程，也是编者与作者进行思想交流，艺术切磋和学习提高的过程。编者认为此集的出版既是张文台将军康复的标志，也是张文台将军为建国68周年的献礼。愿张文台将军身体康健，寿比南山，以自己五十年的军旅情怀，人生阅历为宝贵财富，在诗词诗坛艺术的古道上继往开来，再创辉煌！

许政

二〇〇七年六月二十七日

＊此为2008年人民文学出版社出版的《病中抒怀》一书的编后。

和谐吟

天和日月明，
地和五谷丰，
人和一生福，
家和万事兴。

张万年

原中共中央政治局委员、中央书记处书记、中央军委
副主席张万年为张文台新作《和谐吟》题词

書敬張文台将軍

大器晚成

詩坛新秀

迟浩田

二〇一二年一月一日

原中共中央政治局委员、中央军委副主席、国务委员
兼国防部长迟浩田为张文台新作《和谐吟》题词

和谐吟

原全国政协副主席、中华诗词学会名誉会长杨汝岱为
张文台新作《和谐吟》题写书名

感悟和谐

和谐一词，源于古代，就其词的原义可分前后两个部分。其一，和：原义表示声音相应，特指合唱中的伴唱与乐器相和；其二，谐：本义指和谐融洽。

古籍中分之有记。

谓"和"者：《荀子·乐论》说"民和齐则兵劲城固，敌国不敢婴也。"《史记·楚世家》说："分汉中之半以和楚。"《战国策·秦策》说"引军而退，与楚人和。"等等。谓"谐"者：《尚书·舜典》云："八音克谐，无相奇伦。"《周礼·天官·大宰》云："以知邦国，以统百官，以谐万民。"《资治通鉴·汉献帝建安十三年》云："如其克谐，天下可定也。"《聊斋志异·娇娜》云："公子异日自内出，贺曰：'谐也'。"等等。

可见，一个源于单纯的音乐用词，已被古代贤者扩展应用到政治、战略和生活之中，其中的蕴意内涵和悟道精神，足以引发今人的感慨。

面对时下社会发展中所出现的种种弊端，实与"和谐"向背。如何体现当代社会的民主法制、公平正义、诚信友爱？怎样才能使社会充满创造力，构建起人与人、人与自然和睦相处的稳定有序的社会基础？这些，都是值得人们思考的问题。

对于个人而言，或许有诸多问题是可思而不可行的；

但是，面对社会发展的实际需求，又有许多事情是可思可行的。那就是，和谐于心，和谐于人，和谐于天。中央军委原副主席张万年为本诗题题词"天和日月明，地和五谷丰。人和一生福，家和万事兴。"可谓对本书的画龙点睛。

　　所思所感，信手成行，名曰诗。是为序。

张文台

2010 年 2 月 28 日

天人和谐

　　山清水秀则人杰地灵，老人之老幼人之幼，齐享盛世。逆道而行，毁环境于私利，污甘泉而中饱私囊，地则不地，天纳浮尘，弃家园于荒漠，置生命于无辜，和谐何以有之？植树造林，减排治污，建设生态，还道于自然，顺四时而动，循规而治，造福于子孙万民，留青山碧水于世，永享锦绣山河之美，是谓天人和谐。

三仙山饭店

云淡如纱连水天，
琼阁玉楼尽包揽。
未待青瓷夜光至，
瞬间客人已成仙。

2008 年 7 月 17 日
作于蓬莱三仙山宾馆

中山市

青山依水起漪澜，
眺眸蓝天云清淡。
名城千古话当下，
行者夙愿今日还。

2008 年 11 月 30 日作于中山市
因参加中山第二届国际纪录片展影
周，参观中山市容市貌有感。

广西百色

澄壁湖清扬渔帆，
小道迤逦鸣清婉。
天高云淡星月美，
旖旎风光数自然。
百色起义响惊雷，
催枯拉朽天地换。
壮志旗令山河壮，
举杯来日路更宽。

2008 年 12 月 4 日于广西百色
湖边进晚餐时看到美丽景色有感

兰花咏

叶茎清瘦护露汜，
静默花开数清丽。
富贵通达各有路，
人生难得守自己。

2009 年 2 月 18 日于书斋

荷花颂

身处淤泥心不染，

冰洁从容享坦然。

一生化尽污秽气，

愿留清白在人间。

2009 年 3 月 7 日于京西宾馆

众梅颂

春回大地九州同，

梅花尽放分外红。

梦幻宫中丽人歌，

微风送香情更浓。

2009 年 3 月 23 日

于北京城墙东便门赏梅有感

关　岛

初春晨起游关岛，

烟波连天海浩渺。

白云深处灼帆影，

疑是神仙把船摇。

2009 年 3 月 28 日于日本

首里城

雨天游离首里城，

两国文化同根生。

先贤融合六百年，

互补长短得双赢。

2009 年 3 月 28 日

参观日本首里城而作

注：日本首里城位于琉球群岛的冲绳岛内南部，有个
　　守礼殿，有十几代尚氏为王，均为明清皇帝所封，
　　现存康熙二十二年（1682 年）至同治四年（1865
　　年）清九代皇帝的御书题字。

日本海

阳光明媚舞鸾凰，

一揽金沙敛泳场。

山青水秀云岑尽，

引得众神离天堂。

2009 年 3 月 29 日

于日本那霸金沙滩

香山情

香山云烟梦依稀，
情牵笔砚诗成集。
借得东雨浇西塘，
悟道百花盛开时。

2009 年 4 月 1 日
爬香山后山有感而作

颐和园

初春畅游昆明湖，
垂柳点水随风舞。
远处飘至船中笑，
青年男女沐幸福。

2009 年 4 月 4 日游颐和园

咏　竹

新笋逢雨出城墙，
风雨雷击享自强。
不随落叶舞西风，
挺拔傲霜晚节香。

颂　竹

历代岁寒称三友，
护宅入堂文人求。
借物寓意多同党，
揭竿三千胜诸侯。

皮薄腹空不吹牛，
雪压冰封何低头。
褒贬由人于无声，
身子一挺超高楼。

青年湖

野鸭游弋青年湖，
杏花飘香迎春舞。
游人避绕蜂蝶走，
古树缠藤林荫路。

2009 年 4 月 16 日
写于辽宁友谊宾馆

菊　颂

花开傲风霜，
人间九月黄。
叶泼万千墨，
环目点秋香。

2009 年 4 月 24 日于书斋

为黄河画题

九曲十八弯，
黄河落九天。
壶口风雷动，
旭日生紫烟。

2009 年 4 月 26 日于北京

忆恩情

羊肠小道挑粗粮，
伟人休息荷树旁。
遥叹北方忆往昔，
领袖恩情胜爹娘。

诗意华山

剑拔五峰险，
古松独擎天。
白云深谷涌，
绿荫隐仙丹。

风至经书展，
老子翛翛然。
瞰视黄河水，
千溪固根源。

华山吟

拔地五峰出，
苍松擎天兀。
炼丹火尤在，
白云泻峡谷。

2009年5月9日晚
在长安大剧院，应邀参加中国诗协
主席李瑛、秘书长张同吾等主办的
大型诗歌音乐会。

建奇功 *

黄洋界上炮声隆，
凭险抗敌显奇兵。
红军将士同奋战，
以少胜多建奇功。

2009 年 5 月 12 日于黄洋界

注：1937 年工农红军三十一团一个营凭黄洋界天险，
　　军民团结一致抗击敌人三个团的轮番进攻，创造
　　了以少胜多、以土胜洋的奇迹。

重上井冈

千里驰骋远，
重上井冈山，
山河依然在，
旧貌换新颜。

2009 年 5 月 12 日于井冈山

井冈山

松竹齐天白云舞，

情思主席泪浸土。

镰刀锤头风又烈，

举步足下无坦途。

2009 年 5 月 12 日

于井冈山景泰宾馆

寻圣地

英名千里远，

初上井冈山。

人故雄魂在，

美名天下传。

2009 年 5 月 13 日

参观毛泽东旧居茅坪八角楼有感

游白云山

人间仙境白云山，

九龙瀑布生紫烟，

森林氧吧游人醉，

长流不息三河源*。

2009 年 5 月 20 日于嵩县

注：三河即白河、汝河、伊河分别汇入淮河到长江。

游云台山

红石峡谷一线天，
万仞壁立猿难攀。
脚下瀑布雷声动，
云台之下不夜天。

2009 年 5 月 23 日
应修武县委迟军书记之邀赋诗一首

八里沟

千里寻故友，
重回八里沟。
改革换新颜，
奋斗志不休。

2009 年 5 月 26 日
为全国人大代表基层先进党支部书
记、感动中国十佳人物张荣锁题。

游太行大峡谷

鬼斧神工无绊羁，
千山万壑坠云间。
更喜深处藏平湖，
桃花谷里可行船。

2009 年 5 月 26 日

峡谷奇观

红绿叠嶂千重山，
峡谷深处生云烟。
冬开桃花夏生冰，
群峰竞姿数奇观。

2009 年 5 月 27 日

红旗渠

艰苦奋斗开先河，
自力更生结硕果。
人定胜天平常事，
愚公精神世代学。

2009 年 5 月 27 日

于安阳红旗渠

纪念园

渤海革命纪念园，
英烈鲜血红旗染。
和平年代勿沉沦，
警惕歌屏藏隐患。

2007 年 8 月 15 日

为滨州纪念园赋诗

云居寺 *

镌刻石经如雕龙，
一丝不苟见神工。
人文精神嵌入石，
先贤寓意寄后生。

2007 年 9 月 2 日参观云居寺

注：云居寺，位于北京房山区内。据说先后经过五朝
　　1500 年，在石碑上刻了 3200 多万字的大藏经，成
　　为世界之最。

元上都 *

塞外上都数奇观，
六朝帝王登龙辇。
古榆无言立春秋，
历经沧桑阅残垣。

2007 年 9 月 15 日在正蓝旗
副旗长王涛陪同下参观元上都古城
遗址而作

注：元上都：即元朝六位皇帝登基之都，同北京故宫
　　一条子午线史称元大都。

避暑山庄反思

社稷江山帝王梦，
悲欢风雨基业中。
执政若失民为本，
宛如长堤溃蚁洞。

古榆树

千年古榆旺，
昂首斗风霜。
根深叶更茂，
华夏独称王。

　　2007 年 9 月 16 日路过正蓝旗浑
善达克草原时，在王涛副旗长陪同
下，绕道 30 公里观看距今 800 余年、
三人合抱之古榆，根深叶茂，长势
喜人，有感而作。

盘山游

松柏满青山，
奇石刺破天。
御道成陈迹，
蓟州换新颜。

雄鹰赞

草原雄鹰击长空，
铁翅横扫风云动。
万里风浪无所惧，
翱翔出世独称雄。

　　　2007 年 9 月 16 日
　　从正蓝旗向锡林浩特的途中，看到
　　辽阔的草原，长空飞翔的雄鹰而作。

干枝梅

枝枝朝天发，
朵朵争妍婷。
历历风霜雪，
根根沃土扎。

　　　2007 年 9 月 16 日
　　路过正蓝旗草原，看到干枝梅有感
　　而作。

杭州湾大桥

一桥飞架杭州湾，
疑是彩虹落九天。
能工巧匠铁四局，
鬼斧神工龙王叹。

2007 年 11 月 3 日

在铁四局马先民书记陪同下参观杭
州湾大桥，全长 30 多公里，投资
100 亿，自主设计与建造，提前 1 年
完工，用了三年半时间，成为人间
奇迹，打破了外国人认为中国自己
无法建造的谬论，作诗一首。

九华山

九华香火天下传，
晨钟暮鼓响山川。
经声佛号唤梦醒，
慈悲和谐满人间。

2007 年 11 月 5—6 日

住九华山聚龙宾馆而作。

夜游珠江

游船夜行珠江湾，
大桥南北彩虹悬。
楼阁尽耸碧水映，
来客漫步龙宫间。

>2008 年 1 月 15 日晚 10 时
>乘移动号游船夜游珠江。

肇庆游感

鼎湖烟云美如画，
天上七星仙女家。
遥闻钟声长庆寺，
肇庆山水甲天下。

>2008 年 1 月 15 日中午
>于肇庆市波海楼宾馆。

珠江有感

江水滚滚向东流，
逝者如斯难停留。
人生都是过路客，
半是欢喜半是忧。

>2008 年 1 月 15 日晚
>乘船游珠江时作

银湖宾馆

雨后天晴月更高，
银湖流水伴良宵。
天然氧吧睡梦香，
勿闻百鸟鸣树梢。

2008 年 1 月 17 日
于深圳银湖宾馆

园乐有感

残花伴东风，
夜半听鸟鸣。
小园依旧在，
几度夕阳红。

2008 年 3 月 24 日于书斋

青银沟颂

青山盘龙转头空，
银花斗艳春意浓。
沟满清香游人醉，
日照甘露格外红。

2008 年 3 月 25 日于书斋

武夷山 （一）

武夷群峰生紫烟，
大红袍茶天下传。
万里飘香佛闻醉，
此处胜似仙人间。

武夷山 （二）

山清水绿景色妙，
泛舟漂游兴致高。
登高作诗抒胸怀，
名胜古迹陶情操。

2008 年 5 月 3 日于武夷山

江　游

竹排江中流，
青山两岸走。
古树情意浓，
云绕游客头。

2008 年 5 月 3 日
乘竹排游福建武夷山闽江有感

鼓浪屿

众志成诚抗倭敌，
华夏儿女不可欺。
血战收复台湾岛，
英烈浩气垂青史。

　　　　2008 年 5 月 4 日
　　于鼓浪屿郑成功雕像前

云寺三代古树诗

一树三生独得天，
知名知事不知年。
问君谁与伴晨夕，
只有山腰汩汩泉。

　　　2008 年 5 月 11 日于香山

宜兴竹海咏

三省之界绿涛动，
太湖源头竹海涌。
天然氧吧醉游客，
细雨朦胧披彩虹。

　　　　2008 年 5 月 19 日
　　于宜兴风景区竹海饮茶有感

夜游黄浦江

黄浦两岸不夜天，
破雾穿波飞游船。
风传小曲令人醉，
韵牵足轻舞翩迁。

2008 年 6 月 23 日于上海

题艾山温泉

群山环翠藏温泉，
蕴含氯钠硅酸碘。
人与自然同根生，
大地不老万千年。

2008 年 7 月 14 日于艾山温泉

题蓬莱三仙山

昔闻东海多神话，
今游蓬莱三仙山。
百吨玉佛创奇迹，
三柱清香寄宿愿。

栋梁凌空日月汇，
禅房通幽乾坤转。
结缘菩提济苍生，
公道自在人心间。

　　　　　2008 年 7 月 16 日于蓬莱

游文登

召文台上进士多，
田福山下琉璃阁。
抱龙河水育英才，
文武兼备为祖国。

　　　　　2008 年 7 月 26 日于文登

中秋情

中秋乐在山，
捧月未能还。
孰为天涯共，
今朝爱半湾。

　　　　　2008 年 8 月 15 日
为乳山半湾开发区老总题

游太平观

小珠山中落名观，
千年古树自成蔓。
历经沧桑盛名在，
善男信女遗诗篇。

2008 年 8 月 15 日于胶南

游黄岛

水连天处扬白帆，
拥海怀抱金沙滩。
九州万里风光好，
军民共建固家园。

2008 年 8 月 16 日于黄岛

咏乳山

母爱千年温情湾，
福祉养生大乳山。
天赐亘古名胜地，
疑是身居桃花源。

2008 年 8 月 19 日
为大乳山休闲旅游度假区题

大觉寺

日出东山照释家，
神泉泛粼映袈裟。
轻烟香火起松涛，
秋水乍冷戏莲花。

2008 年 9 月 13 日
带外孙乐乐去大觉寺散步有感而发

皇帝城

皇帝古城五千年，
瓦砾残垣嵌硝烟。
三皇大战求统一，
华夏文明开祖山。

2008 年 9 月 20 日
参观皇帝城有感而作

注：炎黄蚩三帝在涿鹿县矾山南地区会战统一后建起
皇帝城，至今城廓清晰可见。

怀来行

烽火台上醉吟诗，
百花谷里说传奇。
施由休闲空灵地，
兴致袭人七步诗。

2008 年 9 月 23 日
夜于河北张家口怀来县温泉

世界地质公园

兴安岭上有奇观，
鬼斧神工大北山。
含情玉立七仙女，
将军床上好睡眠。
鹏程展翅落草原，
拴马神桩能擎天。
玉兔欲出迎顾客，
生动活泼属猎犬。

2008 年 9 月 27 日
于赤峰市克什克腾旗大兴安岭北麓
的大北山世界地质公园。每句话都
是一个传说故事，也是一大景观，
未去者读此诗也可领略一二。

春　诗

久雨初晴空气新，

百花盛开自温馨，

蜂蝶飞舞令人爱，

儿童踏青更欢欣。

2008 年 4 月 16 日于北京

夏　诗

鱼过荷花满塘香，

绿地青草送清凉。

树杆枝头蝉长鸣，

林荫漫步透月光。

2008 年 8 月 12 日于北京

秋　诗

霜打草木红遍天，

风起乍觉秋风寒。

桂花香飘留不住，

飞鸟齐鸣把家还。

2008 年 10 月 14 日

于上海海鸥宾馆

冬　诗

腊月朔风自北吹，
雪飘纷飞迎春回。
青竹冰凌压弯枝，
窗前翘首看雁归。

2009 年 1 月 26 日春节于北京

游周庄（一）

一步一景连古今，
诗情画意动人心。
翰墨飘香千载事，
品茶论道赋诗吟。

2008 年 10 月 17 日游周庄有感

游周庄（二）

金秋十月稻谷黄，
骄阳似火照幽巷。
小舟穿梭门前过，
江南古镇属周庄。

2008 年 10 月 17 日游周庄有感

花果山

曲径通幽花果山，
禅房古树绕藤蔓。
齐天大圣今不在，
留有钟声催紫烟。

　　　　2008 年 10 月 20 日
游览花果山而作

长空歌

西伯利亚冰雪白，
红日欲落脚下踩。
长空变幻展奇观，
云天相接放异彩。

　　　　2008 年 11 月 18 日
率全国人大环资委代表团访问意大
利、法国环境保护、循环经济、生
态文明，飞机穿越西伯利亚上空时
正好是晚上 7 点太阳快落山时发生
的变化，即写此诗。

摩纳哥王国

海天一色抱青山，
旅游名城在其间。
大公王国摩纳哥，
公民两万享安然。
　　　　2008 年 11 月 23 日
　　率全国人大环资委代表团访问摩纳
哥即兴。

尼斯城

碧波蓝天白云舞，
地中海畔数明珠。
旅游圣地尼斯城，
水城景色胜皇都。
　　　　2008 年 11 月 24 日
　　率全国人大环资委代表团访问法国
尼斯即兴。

北海有感

银滩白浪蔚兰天，
渔歌悠扬落无边。
酒香飘溢诱人醉，
凡人游来皆成仙。
2008 年 12 月 7 日至 8 日
率总后全国人大代表考察北海时作。

赞恭城[*]

水果红遍山，
绿水映蓝天。
安居环境美，
生态称模范。
2008 年 12 月 7 日率总后全国人
大代表考察恭城瑶族自治县时作

注：恭城，即恭城瑶族自治县。该县沼气入户率达
89%，森林覆盖率达 78%，无公害标准化水果占
总面积的 85%，组织农民专业合作社 792 个，引
进农业产品加工龙头企业 10 个，年加工水果近 10
万吨，文庙武庙等居全国之首。

过柳州

山青水秀乾坤盛，
节能减排卸负重。
柳江清竹缠绕过，
历史名城不虚行。

2008 年 12 月 7 日于柳州

游漓江

碧水缠绕青山秀，
奇峰倒影江中流。
瀑布飞流九天下，
绚丽多彩画家愁。

2008 年 12 月 11 日
率总后全国人大代表考察组游漓江

参观某氏庄园有感

历史巨变起波澜，
功过是非谁能辨。
昔日本是吸血鬼，
今朝又成英雄汉。

2009 年 8 月 18 日于烟台

艾山泉

沧海隆冬非平常，
小池无日不滚汤。
溶溶一脉流古今，
沐浴清泡益健康。

2009 年 8 月 18 日
栖霞艾山温泉

故地游

发染霜花故地游，
触景生情时倒流；
沙场滚打今犹在，
老身守疆无索求。

2009 年 8 月 13 日
回到驻守 24 年的南城隍岛而作

壶口瀑布

壶口瀑布起云端，
疑是彩虹落人间。
巍峨青山碧空尽，
黄河涛声震九天。

2009 年 10 月 9 日
于山西黄河壶口

国庆六十周年

礼花竞开不夜天，
喜迎国庆神州颜。
各族人民大团结，
共创复兴宏图展。

　　　　　2009 年 10 月 1 日夜
于天安门城楼

海岛行

军民一家雨水情，
建岛卫国传美名。
改革开放生巨变，
梦里犹想长岛行。

漓江游

江平水碧鱼飞涌，
两岸奇峰波中动。
百轲穿雾逆流上，
渔舟唱彻夕阳红。

张家界

古树险峰生云烟，
宝塔瑶池飞游船。
天门洞观梅花雨，
千丈索道落九天。

龙胜温泉

森林环山抱，
温泉游人笑。
俯首看日出，
摘星手可到。

生态文明

保护生态称文明，
环境优美山水清。
天人和谐千秋业，
一曲花儿高原情。

2009 年 6 月 19 日

于青海西宁

题赠峨眉山

日出生紫烟，
云海展奇观。
佛光彩霞眉，
圣火照人寰。

2010 年 5 月 8 日
于峨眉山宾馆

题赠九寨沟

雪山高矗势巍峨，
叠瀑奔流壮山河。
千年古树云烟绕，
五彩湖水独称绝。

2010 年 5 月 9 日于九寨沟

游黄龙景区

雪山皑皑各不同，
白云滚滚伴长虹。
彩池闪闪高天挂，
黄龙跃跃欲腾空。

2010 年 5 月 10 日
于黄龙天堂饭店

游光雾山

丛林乌漫漫，
流水地生烟。
人在此中游，
落笔成画卷。

2010 年 5 月 25 日

与人和谐

    与人和谐，乃社会和谐之本也。天地和谐万物共生，社会和谐百姓安居乐业，欣欣向荣。与人和谐需以诚信为本，宽容为怀，感恩于社会，感恩于相邻，当以先天下之忧而忧，后天下之乐而乐。

中秋话人生

月明夜静度秋风，

情长茗香满岛城。

今朝有约故人来，

说古道今话苍生。

　　　　　　2008 年 8 月 15 日晚于长岛

　　　　　同老朋友饮茶叙情时即兴而作

祝《将军风采》[*] 出版

沙场点兵军旗红，

别样年华不老松。

解甲不改戎装志，

翰墨育人立新功。

　　　　　　2008 年 8 月 20 日作于青岛

注：此书是我的老战友、上海行政学院徐本利院长主
　　编的，应邀作诗一首，表示对出版的祝贺。

迎朝阳

李下成溪遍地香，

嘉年硕果自芬芳。

辉映枝头挂秋月，

笑看群山迎朝阳。

刘敬群

刘福耿贤前世缘，
敬天春晓共枕眠。
群苑华硕雅宁静，
长久健美留思含。
寿星康泰添光辉，
比翼胜似并蒂莲。
南岳青杉春光好，
山水松柏夏时泉。

2010 年春节
为刘敬群全家题

杨为方

杨通礼仪学圣贤，
为民服务称模范。
方向明确多努力，
商海双赢开新篇。

2009 年 1 月 9 日
为居士杨为方先生题

孙 宏

从戎卫国贵德行，
解甲收藏见热情。
华夏珍宝尽在卷，
一轮明月照丹青。

2009 年 1 月 10 日于西安
为全国收藏家协会秘书长孙宏作

孙清云书记

清风两袖为民安，
云生紫气霞满天。
敬业惠众多努力，
民殷国富开新篇。

2009 年 1 月 13 日
为西安市委书记孙清云题

周文强

周而复始换新天，
文理融会立志愿。
强修善德颇独悟，
誓将慈悲洒人间。

2009 年 1 月 14 日
为居士周文强题

孙守刚书记

守仁修德儒雅风，
刚强男儿心志诚。
满腔热忱为黎民，
造福一方展才能。

2009 年 3 月 16 日
为济宁市委书记孙守刚题

题谢天

天时地利齐圣贤，
鸿雁飞翔传九天。
艺海无涯肯登攀，
济世度人作贡献。

2009 年 3 月 17 日
为泰国艺术家联合会理事谢天鸿题

瀑布画题诗

飞流千丈气恢宏，
妙笔自古谁与同。
不学他人老套路，
独有胸怀天地容。

2009 年 3 月 17 日
为当代实力派山水画家霍伯修题

题战友

迎风破浪意志坚，
运筹帷幄操胜券。
披星戴月平常事，
清廉秉正心自安。

2009 年 3 月 20 日于书斋

叙真情

初春三月访东京，
樱花盛开伴君行。
新老朋友来相会，
共度危机叙真情。

2009 年 3 月 25 – 30 日

随李建国副委员长参加中日两国议
会交流机制第三次会议，共议如何
渡过金融危机、应对气候变化、加
强双边合作大计，到日本参议长江
田五月官邸会见时，正值园中樱花
盛开，照相留念，由感而作。

题颐成中

颐神养智心自安，
成业育才称风范。
津门儿女多奇志，
励精图治雄风展。

2009 年 4 月 2 日

纪念已故老首长

一身正气来，
无私育后代。
两袖清风去，
美名沃土栽。

2009 年 4 月 5 日于书斋

题国庆六十周年山东将军书画展

齐鲁英雄壮山河，
浴血奋战泣如歌。
铁骨义胆传千秋，
赤心为国永巍峨。

2009 年 4 月 8 日于山东济南

题周传立

周公德行，
传承千秋。
立志为民，
世代不朽。

2009 年 4 月 8 日
为宋清渭政委秘书周传立题

题刘震司长

刘立壮志学大禹，
震惊龙王吹胡须。
治水防沙建功业，
心底无私何所惧。

2009 年 4 月 8 日于北京
为水利部水土保持司司长刘震同
志作

题王星局长

王明大道胸怀宽，
星光闪烁照人间。
建功立业自得乐，
愿为水利做贡献。

2009 年 4 月 8 日于北京

题牛崇桓副司长

牛耕千亩不为利，
崇尚苦干岂惜己。
桓古不变有赤心，
残阳回归卧春泥。

　　　　　　　　2009 年 4 月 8 日于北京

题宁堆虎处长

宁静致远，
堆智成贤。
虎啸震山，
雄风永展。

　　　　　　　　2009 年 4 月 8 日于北京

题王瑞增处长

王者心怀仁，
瑞气常润身。
增智多修德，
兴国亦安神。

　　　　　　　　2009 年 4 月 8 日于北京

题张印忠副部长

张旗擂鼓忙开放，

任重为民志如钢。

忠于祖国称楷模，

老骥伏枥志更强。

　　　　　　2009 年 4 月 8 日于北京

题李磊 *

李茂逢春阳，

子良万物壮。

三石合作好。

基础固金汤。

　　　　　　2009 年 4 月 8 日于北京

注：李磊，张印忠同志秘书。

题总后书法学会庆祝建国六十周年

战场强手，

艺海新秀。

老骥伏枥，

壮志不朽。

　　　　　　2009 年 4 月 9 日于北京

赠成明

成功源自肯登攀，
明理育人心坦然。
革命事业无穷尽，
继续前进做贡献。
　　　　2009 年 4 月 12 日
　　　后勤学院政治部主任崔成明过 54 岁
生日题

清代齐鲁画坛四大家

清宫师徒著京华，
黄山翰墨独一家。
诗书画印高凤翰，
齐鲁文明润华夏。

　注：焦秉贞、冷枚师徒为清宫廷著名画家；黄山是法
　　　若真为清顺治三年安徽布政使，且书画大家；南
　　　皋为诗、书、印全才，扬州八怪之一———高凤翰。

题李学功艺术馆奠基

学习刻苦破难关。
入木三分非等闲，
中华山水自多情，
书画精品神州传。

　　　　　2009 年 4 月 12 日于北京

迎国庆

崇尚节俭丹青浓，
爱惜民力好传统。
团结和谐迎庆典，
持续发展立新功。

　　　　　2009 年 4 月 25 日
　　　应总后老干部书法研究会之邀，为
　　　纪念建国 60 周年题。

题郑文光先生

文明传承勇当先，
光照乡里无遗憾。
文成点墨皆心血，
诗书国学众人赞。

　　　　2009 年 4 月 29 日
　于书斋郑文光老先生从事诗书国学
研究半个多世纪，曾获中央终身成
就奖，为此作诗一首。

题叶益民

叶茂根深，
益国为本。
民生如天，
万事认真。

　　　　2009 年 5 月 2 日
晚在东营为我的原警卫员，现东营
军分区司令员叶益民题。

题万会标

万物一理，
会学善思。
标新立异，
所向披靡。

2009 年 5 月 2 日
为东营军分区政委题

题邢志如

志坚凌云创伟业，
如意为民不停歇。
塞北高原展宏图，
继续前进奏凯歌。

2009 年 5 月 4 日
为内蒙古鑫原煤业有限公司总经理
邢志如作

题王福军

王府楚灯闪金光，
福本辛劳独自创。
军强民富迎盛世，
谨言慎行铸辉煌。

2009 年 5 月 4 日

于书斋为老部下科学发展观宣传画
策划出版者王福军作

南疆哨所

边关烽火硝烟起，
勇士守疆铸传奇。
相思树畔长依恋，
月影摇金伤别离。

2009 年 5 月 8 日

我和二哥张文亭、妹妹张慧兰去广
西友谊关参观南疆哨所时了解到一
百多年来，清军在那里建炮台，孙
中山在那里组织过起义，对越自卫
还击时哨所又留下了弹痕。旁面有
个相思树陪伴哨所走过百年风云，
而且依然兴旺，随手赋诗一首。

巴马* 民谣

火麻茶油常烹炒，
素食为主锌锰高。
地下河水元素多，
空气清新人不老。

晚婚晚育勤劳动，
常享桃李野葡萄。
邻里和谐一家人，
知足常乐心情好。

注：广西南宁巴马是世界五大寿乡中长寿老人最多的地
　　方，被世界誉为"世界长寿之乡，中国住宿圣地"。
　　2003 年国际协会赋予巴马"世界长寿之乡"称号。

赞深航

银燕轰鸣掠长空，
白云翻滚脚下涌。
微笑服务暖人心，
嫦娥伴我行苍穹。
　　　　　　2009 年 5 月 9 日
　　　　参加陈至立副委员长在广西南宁召
　　　　开的自然区域保护法研讨会，返回
　　　　途中乘深航有感。

题王绣画家*

国色醉春泥，
天香夜染衣。
文人墨客颂，
百花独称奇。

2009年5月22日于河南洛阳

注：王绣是全国著名牡丹王，一级画家，编写过许多
专著，培养出一批画牡丹的杰出人才。

"黄委会"成立五十周年

黄河九曲十八弯，
横亘神州复重山。
奔腾万里东入海，
孕育华夏数千年。

赞黄河国画

瀑布风雷动,

浊浪排长空。

无雨有彩虹,

云烟水底生。

2009 年 6 月 2 日

在河南黄河迎宾馆参加沿黄九省区

环境与资源保护研讨会,赠"黄委

会"黄河国画并赋诗一首。

祝红星二锅头酒厂建厂六十周年

红旗飘扬迎风展,

星光灿烂不夜天。

酿造行业称楷模,

酒香醇美五洲传。

2009 年月 6 月 17 日作于北京

山东名家

山青水秀海扬波，
东岳千古势巍峨。
孔孟之道传千秋，
赤情倾注母亲河。
　　　　2007 年 9 月 5 日
　　应山东名家专刊主编乔纯章、刘纯
华之邀作。

七夕节

牛郎织女心相连，
情如磐石天地间。
喜鹊搭桥重相会，
恋歌一曲传千年。
　　　　2007 年 8 月 19 日农历七月七日
　　即中国情人节作于青岛。

忽必烈

尊道重儒纳其长，

观星望月学西洋。

招贤用才胸怀阔，

上都登基称帝王。

　　　　2007 年 9 月 15 日

　　参观元上都古城有感而作

彭雪枫将军

将军救国铸辉煌，

文韬武略胸中藏。

英勇善战震军胆，

逐鹿中原美名扬。

　　　　2007 年 9 月 9 日

　　为彭雪枫将军百年而作

吉思汗

万顷草原狼烟急，
一代天骄飞铁骑；
神州扬威鞭声脆。
横扫千军如卷席。

2007 年 9 月 14 日
前往锡林郭勒盟调研风电时参观历
史纪念馆

兵商雄风

兵商意志无不胜
改革浪潮展雄风。
时代魅力数第一，
艰难磨砺事必成。

注：军人文化是生与死，商人文化是成与败，两种文
化融合就是优胜文化。因为战争以生死为核心，
官场以权力为核心，商场以利益为核心。2007 年
11 月 17 日在全国政协礼堂参加老部下房秀文《兵
商如铁》一书首发式，作此诗表示祝贺。

老年大学

老年大学倍觉亲，
重读古典知义新。
著书立说人生乐，
安享晚年自安心。

2007 年 9 月 20 日
参加老年大学讲座有感

兵商如铁

兵商如铁意铿锵，
敢闯市场脱戎装。
军人文化魅力大，
历经沧桑更辉煌。

敬文老 （一）

老骥伏枥追夕阳，
群英荟萃著华章。
是非得失无所惧，
修德立言美名扬。

敬文老（二）

人生百岁亦寻常，
乐哉悠哉晚节香。
有限余生倍珍惜，
超越自我无惆怅。

　　　　2007 年 12 月 16 日
　　由国学大师文怀沙主编的《四部文
明》一亿三千五百万字巨著在人民
大会堂举行首发式，听后激动之情
有感而生，作诗一首深表祝贺。

将军吟

关山一览万千重，
团结和谐九州同。
锦绣山河胸中装，
东西南北任驰骋。

　　　　2007 年 12 月 18 日
　　为百名将军书法展作

陆宪新

蝶恋鲜花人添寿，
生命探索岂可休。
预防衰老胜良药，
快乐健康谁不求？
　　　　2007 年 12 月 27 日
　　为预防衰老研究专家陆宪新题

贺婚诗

国逢盛世共征帆，
斌通礼仪学圣贤。
婧姿君德携手进，
瑶池凤舞福百年。
　　　　2008 年 5 月 10 日
　　老部下杜永胜之女杜婧瑶、李国斌
　　在北京饭店举行婚礼，应邀赋诗一
　　首表示祝贺。

孙中山

双手劈开新乾坤，
天下为公铸忠魂。
艰难困苦无所惧，
呕心沥血为子孙。

2009 年春天
参观孙中山纪念馆而作

抗震救灾

昔日并肩战敌顽，
今朝携手建家园。
和谐盛世鱼水情，
高举红旗迎凯旋。

2008 年 5 月 12 日
四川地震，在党中央带领下军民共
同奋斗，取得伟大胜利，是爱党爱
军爱国教育德生动教材，世界为之
感叹、信服、震惊。

紫砂吟

壶中天地宽，
肚大能行船。
茶香心自静，
聚友话古贤。

2008 年 5 月 20 日

参观宜兴紫砂壶工艺厂，总工艺师
鲍志强大师赠壶一个，并要求题字。

祝老首长新婚

盛世逢春去严冬，
二度梅开香更浓。
携手相爱迎未来，
并肩再创夕阳红。

2008 年 5 月 30 日于北京

题赠天马产业集团

天海合一展景观，
马到成功不虚传。
相处和谐宜人居，
城市回归大自然。

2008 年 7 月 13 日
于烟台开发区

题徐东升

从军三十年
为民称模范，
卸甲志不移。
艺海开新篇，

　　2008 年 6 月 25 日

徐东升同志是怀柔人武部政委，从
军 30 余年，表现甚好，退休后发挥
优良传统，著书立说，奇石书画皆
通，在艺术海洋中又开拓新篇。

题赠李海锋

李家自古多才子，
海洋世界数第一。
峰回路转三仙山，
八仙传人功德奇。

　　2008 年 7 月 15 日于蓬莱

题友人（一）

勇闯商海有志气，
赚钱为国不谋私。
金融风暴有何妨，
冲破迷雾迎晨曦。

　　　　　2008 年 8 月 8 日
　　　于青岛为姜剑同志题

赞冯德英

冯氏文采战火炼，
德高望重照群贤。
文坛耕耘七十载，
三花名著天下传。

　　　　　2008 年 8 月 19 日
　　　为纪念冯德英文学馆开馆题

题赠华仁集团

仁德大爱能兴邦，
信誉为本商道畅。
明理守法称楷模，
紫气东来展吉祥。

　　　　　2008 年 8 月 24 日于青岛

题友人（二）

横戈铁马三尺剑，
呕心沥血铸边关。
精忠报国未有时，
一片丹心度沧桑。

　　　　2008 年 9 月 6 日
　　为老战友冯昌龄同志题

赞陈士渠将军

烽火硝烟伴终生，
血雨腥风见赤诚。
金戈铁马写春秋，
功垂青史英名恒。

　　　　2008 年 9 月 19 日金秋
　　为纪念陈士渠将军诞辰一百周年题

题湖社书画院

百年翰墨香，
华砚翻新浪。
精英通神州，
传人独自强。
　　　　2008 年 9 月 25 日
湖社书画院建院近百年参观时赋诗
一首

篝火晚会（一）

篝火烟花不夜天，
歌舞琴声响山川。
民族兄弟情谊深，
和谐共建新家园。
　　　　2008 年 9 月 26 日晚
　于赤峰市克什克腾旗温水镇

篝火晚会（二）

大漠文化根源深，
艺术瑰宝催人心。
民族兄弟互学习，
和谐相处一家人。

2008 年 9 月 26 日晚
于赤峰市克什克腾旗温水镇

《中华儿女》

问世二十载，
报刊称品牌。
号角催奋进，
万众都喜爱。

2008 年 9 月 30 日于北京
祝贺《中华儿女》创刊 20 周年

赞微雕

勤学苦练功夫深，
细微之处技艺真，
优秀作品属瑰宝，
民族文化有传人。

2008 年 10 月 2 日于北京
为微雕家刘沛龙先生书出版而作

祝李栋恒将军诗词研讨会成功

李逢盛世将梦圆，
栋梁为国多奉献。
恒心不移为民志，
喜获硕果成诗仙。

> 2008 年 10 月 8 日下午
> 中国诗协有关专家在京丰宾馆举行
> 李栋恒将军诗词研讨会，赋诗表示
> 祝贺。

贺新婚

璋逢喜事结良缘，
峰知礼仪学古贤。
轶度春秋爱无垠，
侠骨丹心到百年。

> 2008 年 10 月 14 日于上海
> 海鸥宾馆为刘璋峰、商轶侠新婚
> 赋诗

祝开机大吉

金秋洪湖好时光，
遍地黄花分外香。
影坛精英来相聚，
携手并肩创辉煌。
　　　　2008 年 10 月 18 日
　　贺《战士那年十八》电影在淮阴开
　　拍成功

校庆诗

风云五十年，
育英作贡献。
桃李满天下，
教学称模范。
　　　　2008 年 10 月 19 日于盐城
　　建湖县草堰中学

为行者集团题

太阳光无限，
温暖满人间。
节能打先锋，
科学谋发展。

2008 年 11 月 5 日
同行者集团马昕博士乘车去长沙，
参加跨国企业国际论坛谈到太阳能
的新技术时，兴奋不已，遂作诗
一首。

祝神七发射成功

宇宙茫茫神州行，
党政军民庆成功。
空间技术有作为，
改革创新力无穷。

2008 年 11 月 7 日
党中央国务院中央军委召开庆祝神
州七号航天发射成功大会，听后心
情激动不已，顺写此诗略表心意。

贵妃醉酒

中西合璧创意新，
文化明珠底蕴深。
十年风雨磨一剑，
国礼奇葩赠奥运。

2008 年 11 月 9 日

为奥运重要礼品《贵妃醉酒》的作者刘令华题。

题友人（三）

徐逢盛世龙得云，
本通文武成贤人。
利国为民育英才，
桃李满天社稷尊。

题友人（四）

从戎卫国显武略，
解甲办学展文韬。
军风体魂熔一炉，
桃李满天最自豪。

2008 年 11 月 9 日于上海

为徐本利同志题

赞空姐

银燕破雾云天行，
疑是家在碧空中。
微笑服务数第一，
员工素质践德行。

2008 年 11 月 23 日
率全国人大环资委代表团访问欧洲
时在飞机上为空姐题写此诗。

第一届世界纪录片选片会（一）

纪录世界环保行，
生动形象催人醒。
净化全球尽义务，
八仙过海显神通。

第一届世界纪录片选片会（二）

国强民富谋发展，
环保生态称典范。
历史名城增新绿，
和谐共荣意缦缦。

2008 年 12 月 2 日
为广东中山第二届国际环保纪录片
选片会题

广西建区五十周年庆典

五十庆典不夜天，
南国风光享悠闲。
欢天喜地奔小康，
豪情放歌展宏愿。

　　　　　　2008 年 12 月 11 日
参加广西壮族自治区成立 50 周年庆
典，晚饭后同总后全国人大代表观
南宁夜景有感。

愚公颂

愚公立下移山志，
世代挖山不休止。
壮士浩气传千古，
智叟反对何挂齿。

　　　　　　2008 年 12 月 11 日深夜四时
在桂林看电视剧《王屋山下的传说》
有感。

题友人（五）

奉献环保世纪行，
无私无畏不图名。
埋头苦干拾余载，
团结奋斗打先锋。
2008 年 12 月 17 日
为中华环保世纪行借调 12 年之久的
李建伟、崔建民赠诗一首。

题赠好友四十岁生日

不惑之年耳目清，
为人处事是非明。
功名利禄如流云，
挥洒丹心照汗青。
2008 年 12 月 24 日于北京

题赠舍得集团

舍得形影总相随，
先舍后得大智慧。
光得不舍何处寻，
有得有舍是常规。
2008 年 12 月 25 日于书斋

方仕集团

妙手裁衣乐开怀，
男女老少倍喜爱。
华裳温暖万人心，
独领风骚创名牌。

2008 年 12 月 24 日
应黄方义董事长邀请参观其服装厂

题部下

周氏磨璞方见玉，
道深砺剑生新辉。
印重清廉为民掌，
修德进业求智慧。

2008 年 12 月 26 日于书斋
为周道印同志题

赠李汉洲

李逢盛世叙豪情，
汉风梅骨生秉性。
洲洋浩瀚出英才，
敬业乐群立新功。

2008 年 12 月 26 日
为老部下李汉洲题

题友人（六）

秦逢盛世气不凡，

清风两袖乐人间。

运来心静通四海，

瞭望五洲鸿图展。

2008 年 12 月 29 日于上海

为香港《瞭望中国》杂志社秦清运

社长题

贺西北工业大学七十年校庆

三源*汇聚育精英，

跨越历史建奇功。

九天五洋任翱翔，

七十风云成巨龙。

2008 年 10 月 5 日

于西北工业大学

注：三源指西北工业学院、西安工学院和哈尔滨工业大学航空工程系。西北工业大学在 1957 年 10 月由西北工学院和西安工学院合并而成，1970 年哈尔滨工业大学航空工程系整体并入西北工业大学，是我国唯一一所发展航空、航天、航海工程教育和科学研究为特色的科学技术大学。

题新乡市委书记吴天君

天时地利宏图展。

君子修德学圣贤。

勤奋苦干为社稷。

强国富民记心间。

　　　　　　2009 年 1 月 9 日于北京

写诗勉励

题友人（七）

王通礼义称贤人，

秋水碧波无染尘。

风清拂摆人皆喜，

博学厚德是真君。

　　　　　　2009 年 1 月 12 日于北京

为老战友王秋风同志题

题友人（八）

全心敬业宏图展，

国富民强称模范。

莫道艰苦多努力，

励精图治献中原。

　　　　　　2009 年 1 月 13 日于北京

为陈全国同志题

贺校庆

尊师重教专且红，
育英摇篮情谊浓。
桃李满园结硕果，
建设祖国立新功。

戊子年腊月
张文台、苏书岩祝五一小学建校五
十五周年题并书。

只楚村

改革三十年，
只楚换新颜。
团结奔小康，
创新称模范。

2009 年 9 月 18 日于烟台
为只楚集团作

题百将活动中心

金戈铁马烽火红，
英雄成长硝烟中。
解甲未敢忘忧国，
建设四化立新功。

2009 年 9 月 22 日于上海

题好友宋修武

修德为民作奉献。
武备为国山海间，
守岛历练革命志，
军民共建称模范。

2009 年 8 月 26 日

宋修武同志是长岛县老书记，全国
拥军模范，应邀于长岛县为其而作。

庆总后建工研究所成立五十年

辉煌历程五十年，
建工科研称模范。
发扬传统攀高峰，
团结奋斗永向前。

2009 年 9 月 27 日于书斋

祝将军部长笔会成功

民富国强新河山，
盛世华章汇笔端。
金戈铁马将军志，
戍边安邦非等闲。

军民一家世代传，

和谐稳定满人间。

建设小康部长情，

华夏复兴在眼前。

2009 年 9 月

为沈建国等组织将军部长笔会题诗

题老干部笔会

菊黄傲霜色愈浓，

香山枫树秋来红。

年过古稀不服老，

挥毫泼墨绘长虹。

2009 年 11 月于书斋

中秋听京剧

盛世金秋老将军，

欢聚一堂赏京韵；

四郎探母有故事，

绕梁三日难释怀。

2009 年 10 月 2 日

为解放军老干部俱乐部李瑞武主任
在中秋节邀请在京离退休老将军观
看中国京剧院名家演出《四郎探母》
有感而作。

寿星感悟

修德重言行，
建功不求名。
知足常快乐，
終成老寿星。

2009 年 10 月 25 日
参加中国老年保健协会在人民大会
堂组织百岁宴时有感而发

品茶吟

茶道千年行，
明心可养性。
风雅弹指间，
聚贤话友情。

2009 年 10 月 9 日
在百年茶馆吴裕泰品茶而作

祝熊光楷副总长七十岁生日

光阴如驹到古稀，
楷模行世五洲知。
大风歌起春雷激，
寿高不忘固国基。

2009 年于书斋

题黄岛保税区

保税港区物流畅，
自由贸易是方向。
服务周到谋发展，
政策优惠是保障。

2009 年 8 月

为青岛保税区成立 20 周年应王书记
之请题诗

题曲君丽

曲高和寡正阳春，
君子风范众人钦。
丽花独放胜国色，
美景怡人四季新。

2009 年 11 月于大成酒店

十二生肖组诗

子鼠

神出鬼没行无踪，
飞檐走壁戏叟童。
地下连营打神洞，
天兵天将亦难攻。

丑牛

埋头苦干不图利，
千亩耕耘耗力气。
待到神州丰收时，
哞叹残阳卧春泥。

寅虎

罗汉脚下染佛言，
七分兽性去不还。
留得三分豪气在，
将军旗上壮河山。

卯兔

静如淑女动似风，
高山野坡遍地生。
天生琼姿超凡俗，
夜伴嫦娥在月宫。

辰龙

翻江倒海云雾生，
神州大地拜图腾。
帝王借威常自比，
一统天下飞碧空。

巳蛇

身柔性刚行进轻，
苍茫大地伏奇兵。
智慧尝尽人间味，
圣典从此添新名。

戊马

快如闪电疾似风，
古道沙场任驰骋。
帝王霸业凭谁建，
千军万马齐出征。

未羊

铁头不与别人争，
神情悠然登孤峰。
上帝惩恶济万民，
挺身舍己为苍生。

申猴

身轻如燕攀枝崖，
淡泊名利山安家。
洞天福地摆战场，
敢比天兵散云霞。

酉鸡

高冠阔步披花衣，
三更五更离床第。
奋力一唱天下晓，
从此人间有生机。

戌狗

忠诚机灵友情浓，
不贪富贵不嫌穷。
神威怒目慑奸辈，
勇陪二郎守天庭。

亥猪

一副憨态慢腾腾，
喜怒哀乐不骄横。
睡卧不问人间事，
心宽体胖为苍生。

餐紫霞将军苑

胶州湾畔将军苑，
夏无酷暑冬少寒。
国学文明放异彩，
说古道今效前贤。

天人合一法自然，
水榭楼台绕云烟。
坐地日行阅春秋，
养生修闲桃花源。

　　　　庚寅年春于北京作赠

祝首都企业家俱乐部诞辰廿五周年

二十五载话沧桑，
企业发展作桥梁。
同心和谐克时艰，
团结奋斗奔小康。
　　　　2010 年春节前夕

寻根夏令营

孔孟故乡寻祖源，
血脉相通情意绵。
华夏复兴共立志，
两岸师生铸宏愿。
　　　　2009 年 12 月
　　为海峡两岸师生孔孟故乡寻根影集
　　出版作

自我和谐

　　自我和谐之精髓在乎和谐于心也。何以谓之？一曰宁静，无狂想，无妄语，守信于人，尽责于业，进孝于父母，礼仪于兄长，服务于大众，外无愧于人，内无愧与心。二曰淡薄。远世会，轻名利，日省三身，善其言而无怨，慎其行而有序。是谓自我和谐也。

自勉诗

天地和谐生万物，
名山大川恒千古。
人生得失终归去，
清廉敬业是正途。

2008 年 6 月 30 日于青岛
66 岁生日自勉

游英雄山

烽火硝烟写人生，
血风腥雨见赤诚。
金戈铁马荐轩辕，
胄子乱世殃池重。

2008 年 7 月 19 日
作于蓬莱英雄山

自　题

人生自古磨砺多，
物换星移飞流过。
执业勤奋多努力，
挥毫泼墨心开阔。

中秋话人生

月明清醇舒西风，
情浸茗毫意蕴称。
昔日君在梦中会，
今朝岛城话沧生。
　　　2008 年 8 月 15 日晚于青岛
同老朋友饮茶叙情时即兴而作

自在人

执狂逐利劳心神，
欲壑难平积怨恨。
若能一切随风去，
便是世上自在人。

笑看得失

宇宙万般瞬息间，
度人自度须达观。
淡泊荣辱无烦恼，
笑看得失心安然。

知足乐

追名逐利苦无限，
嫉妒自扰神难安。
私欲寡淡身心轻，
知足常乐神不烦。

大　爱

心有大爱少怨恨，
薄己厚人方知恩。
仗义行事人不烦，
足下大道留他人。

慎　独

诸恶莫做道义重，
惠民利人智无穷。
积德行善讲气节，
慎独律己为大众。

报　应

善恶有报早与迟。
福祸自有天地知。
护花绿叶人自爱，
作恶多端必害己。

胸　怀

心如大海纳波澜，
常修德行造福田。
多做善事利众生，
愿留温暖存人间。

心　安

行善何图报，
莫求人知道。
终身做好事，
心灵阳光照。

2008 年 8 月 22 日于青岛

和谐诗

自我和谐百岁翁，
与人和谐利众生。
天人和谐避灾难，
世界和谐无战争。

2008 年 10 月 1 日于书斋

感　悟

李下成溪遍地香，
嘉年硕果自芬芳。
辉映枝头挂秋月，
笑看群山沐朝阳。

话人生

利禄功名众生求，
人生风雨何时休；
儒子莫笑老朽痴，
脚踏实地学耕牛。

2008 年 10 月 16 日于上海

修　性

恬淡修性莫妄言，

安详处世少争端。

宽恕待人神静宁，

谦退无争自身安。

　　　　　2008 年 10 月 20 日

　　　于江苏连云港花果山

知足常乐

生命短暂惜时光，

淡薄名利重理想。

坦然处世笑红尘，

知足常乐寿自长。

　　　　　2008 年 12 月 13 日

诗　魂

诗成鬼神泣，

挥笔书豪气。

缘何是如此，

心中有天地。

　　　　　2008 年 12 月 20 日

四　乐

知足常乐精神健，
助人为乐行慈善。
自得其乐春常在，
与群同乐心自安。

2008 年 12 月 30 日于书斋

四种人

大公无私是圣人，
公而忘私是贤人。
公私兼顾是凡人，
损公肥私是小人。

2008 年 12 月 31 日于书斋

夜　思

清茶淡饭委蒲蔺，
三省吾身立良言。
以文会友知秋毫，
清净无为度晚年。

2009 年 1 月 2 日于书斋

生　活

忘记过去辉煌，

过好现在时光。

着眼未来事业，

心情永远舒畅。

2009 年 1 月 3 日于书斋

自省诗

心灵清闲无污染，

身体清爽无负担。

德行清洁无杂念，

为人清白无贪婪。

2009 年 1 月 9 日于书斋

颂牛诗（一）

举首百亩地，

躬身一叶犁。

人歇它反刍，

温情无觊觎。

2009 年 1 月 17 日于书斋

祝贺春节而作

颂牛诗（二）

问天两把剑，
立地一座山。
风雨何所惧，
穷尽不知年。

2009 年 1 月 18 日于书斋

将军吟

关山一览万钧重，
团结和谐九州同。
锦绣山河胸中装，
保国安民任驰骋。

2009 年 2 月 15 日于书斋

重晚节

人生百岁非寻常，
乐事唯有晚节香。
有限时光倍珍惜，
勤奋耕耘著华章。

2009 年 2 月 16 日于书斋

茶胜美酒

名茶珍壶甘泉冲，
入口一啜余香浓。
莫道醉人唯美酒，
飘香入心面颊红。

2009 年 2 月 19 日于书斋

饮茶谈天

心宽可容天，
海阔方行船。
品茶思古今，
信步更坦然。

2009 年 2 月 21 日于书斋

豁达心

生命在我不在天，
起居有常要锻炼。
勤学善思修养好，
乐观豁达享永年。

2009 年 2 月 24 日于书斋

健身歌

科学锻炼不间断，
粗茶淡饭金不换。
加强修养胸怀阔，
笑口常开度晚年。

2009 年 2 月 26 日于书斋

大浪淘沙

大浪淘沙何时停，
一波未平后潮生。
任凭浪起狂风急，
水拍磐石更晶莹。

2009 年 2 月 28 日于书斋

莫蹉跎

一日无为睡不着，
三日赖床是白活。
人生意义何处寻，
时时有为不蹉跎。

2009 年 3 月 1 日于书斋

看　人

步步走在路中央，
不怕别人说短长。
秃子不要笑和尚，
摘了帽子都一样。

2009 年 3 月 3 日于书斋

如何对难

历尽坎坷志未消，
登山切莫问多高。
野渡无人非无路，
村有溪流必有桥。

2009 年 3 月 4 日于书斋

驼　颂

世上惟尔兀双峰，
沙漠之舟誉美名。
任劳任怨为事主，
重负之下见忠诚。

2009 年 3 月 6 日于京西宾馆

靠群众

夜读史书心潮涌，

万马奔腾在胸中。

治国安邦古为鉴，

太平盛世靠群众。

2009 年 3 月 8 日于京西宾馆

健 康

自古长生无秘方，

粗茶淡饭习为常。

胸怀豁达无私欲，

勤劳锻炼寿自长。

2009 年 3 月 12 日于京西宾馆

生日歌

花样年华守海防，

风餐露宿话家常。

身前波涛马后尘，

一片丹心永向党。

2009 年 3 月 15 日于书斋

春　节

新春人增年，

旧日不再还。

青年多努力，

老来无遗憾。

2009 年 3 月 19 日于书斋

广积德

不为自己求安乐，

愿度大众离苦河。

随缘遇事无所求，

广种福田多积德。

2009 年 4 月 18 日
于总后大连财会培训中心

自题诗（一）

茄子老了一兜子，

倭瓜老来是面的；

树老枝枯叶儿稀，

唯有人老头不低。

2008 年 12 月 18 日于北京

自题诗（二）

商海风浪练斗志，
快马加鞭齐奋蹄。
金融危机有何妨，
冲破迷雾迎朝曦。

2008 年 11 月 8 日于上海

自题诗（三）

行善在于雪送炭，
功德持续不为难。
日积月累福田广，
不垂翡翠一座山。

2008 年 11 月 14 日于上海

自题诗（四）

父母慈爱重如山，
古往今来孝为先。
经常问候献赤心，
莫留遗憾空眷恋。

2008 年 11 月 15 日于上海

自题诗（五）

食过伤身生百疾，
话多伤人远亲朋。
节制吃喝利健康，
谨言慎行神安宁。

2008 年 11 月 5 日于长沙

将军吟（一）

南北驰骋建奇功，
江花边月笑平生。
金戈铁马写春秋，
气吞山河留美名。

2008 年 8 月 6 日于青岛

将军吟（二）

文武兼备儒将风，
金戈铁马任纵横。
男儿雄心系疆场，
忠魂尽在不言中。

2008 年 8 月 6 日于青岛

健身歌

适度锻炼不间断，
清茶淡饭金不换。
加强修养胸怀阔，
笑口常开度晚年。

长寿歌

古稀体弱不为奇，
自我保健受大益。
注重修养淡名利，
遇到烦恼莫生气。
睡觉充足按时起，
神智清醒再下地。
早晨洗漱刮头皮，
晚上温水足常洗。
一日生活有条理，
节奏适度不着急。
饮食清淡少油腻，
注重食疗当牢记。
细嚼慢咽防便秘，
讲究卫生常查体。
常看电视有间隙，

减少辐射保视力。
气候变化增减衣，
防止感冒莫大意。
经常锻炼壮身体，
清静之处深呼吸。
适当饮酒烟禁忌，
控制饮食莫饱饥。
闻墨飘香涂几笔，
读书看报助记忆。
旅游胜景观察细，
勤于思考善习诗。
走路洗澡站稳地，
严防摔跤伤躯体。

自题诗（六）

功名利禄如水淡，
凡人居安自成仙。
偶问诗律乐无穷，
泗水攀山犁桑田。

　　　　　2008 年 6 月 30 日

　　我 66 岁周岁生日，虽一生不过生
日，但写首小诗作为纪念，以叙情
怀，激励自己，鞭策后人。

健身诗（一）

琴棋书画多摆弄，
陶冶情操净心灵。
山水花鸟常作伴，
经常锻炼身骨硬。
知足常乐养德性，
起居规律病难生。
广交益友叙真情，
适应活动永年轻。

健身诗（二）

人生六十方开窍，
心宽康乐寿自高。
早起早睡有规律，
夜眠八时身体好。
粗细搭配七分饱，
多餐少食顶重要。
无怨无悔人生路，
笑口常开莫烦恼。
日行千步不要跑，
经常运动不可少。
勤学方知天地大，
寄情山水永不老。

健身诗（三）

酒是穿肠毒药，
色是锯骨钢刀。
财是惹祸根苗，
气是猛虎咆哮。

健身诗（四）

起居有常身体壮，
打乱规律损健康。
饮食有节肠胃好，
劳逸结合筋骨强。

健身诗（五）

人老先从脑上老，
温水泡脚不可少。
自我点穴常按摩，
适度运动更重要。

健身诗（六）

脾气焦躁催人老，
笑口常开通七窍。
起居无常百疾至，
吃喝有节体格好。

健身诗（七）

适度锻炼人不老，
笑口常开容颜俏。
欢君莫问留春术，
吃喝有节要记牢。

2008 年 6 月 11 日于北京

偶　感

日照东床磨盘大，
夕阳落山飞彩霞。
世上无处不芳草，
为何心中只有她。

2008 年 4 月 1 日

正在著述之中接到老伴电话后偶有
所得，写成此诗。

编　后

　　张文台将军的新诗集《和谐吟》编辑出版发行了，可贺可喜！诗以言志，言为心声。在编辑张文台将军这部诗集的时候，我们深深地感受到将军的爱国之情、爱仁之情和对祖国秀丽山川的赞美之情。张文台将军作为一名军队的高级将领，多年来坚持笔耕不已，出版了许多深受读者欢迎的作品。这些作品中既有自己工作的感受如《来自实践的领导艺术》、《来自实践的思想政治工作艺术》、《生态文明建设论——领导干部需要把握的十个基本体系》；也有多年来军旅生涯中随笔的积累如《聊天心语》和在大学及企业的讲稿《讲堂文思录》等等。但我感受最深的是将军的诗集，《百名书法家书录张文台将军诗词三百首》就是由我社出版的，在这之后将军又出版了诗集《病中抒怀》和《和谐吟》，这些诗集语言精练而且有很高的艺术性。因此我们可以说张文台将军不仅是一位德高望重的军队将领，也是一位艺术造诣很高的诗人和艺术家。

　　《和谐吟》是将军的一部新诗集，是将军近几年的创作汇集。如同将军以往的作品一样，在语言和风格上都有自己鲜明的个性。在与人和谐中你能看到的是一位尊厚的长者，将军以诗的形式去勉励和鼓舞他们投身时代的大潮之中，为民族复兴和中华强盛而努力。在与自然和谐之中，将军以饱满的热情和笔调，高声赞叹祖国的山川之美、江河之美。在自我和谐中，将军既有对自己人生的回顾，也有对各类社会现象的思考，句句凝聚着将军的心血，折射出将军思想的深邃。我相信每每读到这样的诗词，都能引起我们心灵的共鸣。

　　在此书出版之际，写下这些文字以示对张文台将军的祝贺。我们期待着将军更多的作品面世！

2012 年 7 月

总后记

在本套文丛付梓之际，总结过去，我发现我这一生不敢有半点懈怠之感，不敢有半点马虎之意，不敢有半点懒惰之心，每天都要读一点书、思考一点问题，写一点东西，日积月累也就汇集成了别人常说的所谓"著作"。可以说，从军半个多世纪，我经过各级领导岗位的磨砺和考验，也经过各种院校的培训和熏陶，还经历过国内外大量的实地调研和考察，特别是经过各级老首长教育和帮带，所以这套文丛的字里行间，表达的思想、总结的经验、凝聚的心血都是干出来的，而不是想出来的，是悟出来的，而不是憋出来的！在老前辈、老首长、老战友、老专家们的鼓励之下，编辑出版此文丛，以为祖国富强，民族振兴，人民富裕，国防强大，尽一点普通干部、普通党员、普通战士的微薄之心。

必须强调的是这套文丛是群众经验的升华，是集体智慧的结晶！这些思想和方法的来源既有老领导的口传心授，又有班子成员的经验积累，还有官兵的聪明才智，更有社会广大群众及各界有识之士给予的真诚帮助。因此，在文丛即将出版之时，回顾过去，忘不了老首长们对我的关心鼓励，忘不了同事们对我的帮助启发，忘不了官兵们对我的鼎力支持，忘不了广大人民群众的真知灼见，忘不了朋友们对我的真诚关怀，忘不了家人对我的包容理解，忘不了身边工作人员的日夜操劳。在此，向他们一并表示感谢：刘华清、张震、张万年、迟浩田、姜春云、杨汝岱、周克玉、曲格平、赵维臣、季羡林、文怀沙等老前辈、老首长、老领导、老专家都曾为作者的论著或题写书名或题词祝贺或作序鼓励；程宝山、高建国、张贡献、杨玉文、南兵军、张建华、于明松、李振领、王瑞成、梁本源、董玉麟、杨鸿问等老部下、老朋友给予了大力的支持和帮助；李鹏青、马清江、王志刚、薛惠锋、吴昀国、马芳亭、郭萍、黄承梁、李璜、许政、温和、秦清运、李庆田、张西立、苏作霖、孟凡刚、刘敬群、郭媛媛等同志为文丛的问世出谋划策做了不少工作；曾经和现在的身边工作人员刘华亭、范斌、李晓东、刘泉、谢永飞、于钦亮等同志也参与了大量的打印、整理、编辑、校对等工作。此外，还有许多领导师长、出版单位、专家学者、同志同仁以及我夫人闫桂香，女儿张晖、张洁也都付出了辛勤汗水和大量心血，在此就不一一列举，一并致以诚挚的谢意！

张文台

二〇一三年国庆节于北京

总编后

  这套七卷本的文丛是从张文台上将近 500 万字的著述中精挑细选出来的佳作上品。本套文丛涉猎领域广泛，思想内涵深刻，人生体会颇佳，条理清晰明了，语言通俗易懂。在编辑这套文丛的过程中，编者的心头始终存有一种敬仰、一种钦佩、一种激情、一种收获，可以说是既诚惶诚恐，又如获至宝；既感慨万千，又唏嘘岁月。

  在编辑这套文丛、接近作者本人的过程中，编者对作者的感觉是既亲切又敬畏。亲切不必多说，所有有幸接近作者的晚生后辈，都能感受到那种让人如沐春风的关爱，有循循善诱的师长形象。寻找编者对作者产生敬畏感的深层原因更有价值，他退出总后政委岗位之后，到全国人大环境与资源保护委员会之前，给军委首长写信表示："退而不休，发挥余热；老而不懈，严于律己；学而不厌，更新知识；为而不求，奉献社会。"这就告诉我们，一个人，不管他是将军还是士兵，不管他是官员还是平民，不管他是富贵还是贫穷，只要有这种忘我的精神，你能不敬畏他吗？这就不难理解为什么作者到全国人大环资委工作之后，竟能撰写出《生态文明十论》这样为各级政府和决策者提供理论高度和可操作性均为上乘的参考专著；不难理解作者何故"自带水杯，分文不取"，到国家行政学院、北京大学、清华大学、光大银行、招商银行、兰花集团、索普集团等党政机关、著名学府、大型国企，讲领导艺术，讲人才培养，讲企业管理，讲企业文化，讲道德修养，讲养生健康；也不难理解作者近千首诗所抒发的情怀，这种情怀与风花雪月无关、与无病呻吟无涉。这些诗呈现的是大志、是大气，是大爱，是大美！

可以说，这套文丛集中呈现了作者的抱负、使命、境界、情怀、智慧和才华。让世人透过这些文字认识到共和国上将所达到的那份无私情怀和治学精神。从文明史的角度看，这套文丛还让我们看到作者对老一代革命家思想与方法的传承，看到了中华文明中的优秀文化传统在一位当代中国高级将领身上的活力绽放。

由于编者水平所限，编辑工作难免疏漏，敬希读者批评指正！

本书编委会
二〇一四年元旦